TABLEAUX HISTORIQUES

DES CAMPAGNES ET RÉVOLUTIONS

D'ITALIE,

Pendant les années IV, V, VI et VII de l'ere républicaine ;

Composés de vingt-quatre gravures (de trente-cinq centimetres de largeur sur vingt-cinq centimetres de hauteur) exécutées par les premiers artistes de Paris , d'après les dessins de Carle Vernet, *et d'un frontispice représentant le général* Bonaparte.

Chaque gravure sera accompagnée d'un discours rédigé par un homme de lettres qui a voyagé dans les différentes parties de l'Italie et de l'armée pendant près de deux ans , et à qui le général Bonaparte *a confié des missions importantes. Le frontispice sera suivi d'un discours d'introduction à l'ouvrage.*

L'impression sera faite par Didot aîné *, en caractères neufs , sur papier grand-Jésus-vélin superfin , de la fabrique des citoyens* Raffy *et* Querenet *, successeurs de* la Garde.

Ce nouveau *Prospectus,* en mettant notre ouvrage sous les yeux des personnes qui ne le connaissent pas encore, nous servira aussi à rendre compte à nos souscripteurs des efforts que nous avons faits pour hâter sa publication. Ces efforts nous ont causé des travaux et des dépenses considérables.

Un des éditeurs a fait, uniquement pour cet objet, un voyage en Italie. Il a suivi la marche de l'armée de Bonaparte, depuis la riviere de Gênes, à travers les montagnes et les forteresses du Piémont , au passage du Pô , au pont de Lodi , à son entrée dans Milan, enfin jusques sous les murs de Mantoue. Il recueillait dans chaque lieu où s'était passée une action éclatante, tous les détails sur la marche et la conduite des armées respectives, qui peuvent augmenter l'intérêt des *discours*, et rectifier ou compléter les rapports officiels. Un artiste habile dessinait en même temps, avec la plus scrupuleuse exactitude, les positions qu'avaient occupé les armées ; et rien n'était oublié de ce qui pourra compléter l'illusion du lecteur, et le transporter, par une représentation parfaite, sur les lieux mêmes où se sont passées ces scènes sanglantes et glorieuses. Le même travail a été fait dans les environs de Mantoue, témoins de tant de combats. Au-delà de l'Adige, un peintre se chargeait de nous donner les sites de cette partie des états de l'Empereur dont nous avions besoin ; un autre peintre, à Rome, nous dessinait les lieux, si intéressants par des raisons contraires, où le malheureux *Duphot* a été assassiné, où a été proclamée la nouvelle république romaine. A Livourne, d'où nos éternels ennemis ont été chassés, une fois par la présence, et l'autre par le seul nom des Français ; à Gênes, où tant d'efforts contre la liberté n'ont pu échouer que par le patriotisme ardent des Liguriens ; à Reggio, patrie de l'Arioste, et qui a vu se former la première assemblée nationale italienne ; dans les isles du Levant enfin, dans ces nouveaux départements de la France qui serviront de berceau aux nouvelles républiques de la Grèce, nos pas ont été guidés par le goût des arts, par l'amour de la patrie, par le desir d'éterniser sa gloire. La diversité des sites, des mœurs des habitants, de l'état politique et scientifique de tous ces pays, jettera dans nos dessins et dans nos récits une variété que semblerait ne devoir pas fournir la suite de batailles et d'événements révolutionnaires qui composent notre ouvrage.

Les derniers événements de Turin, de Naples, de Lucques, sont trop importants pour ne pas trouver place dans un ouvrage consacré aux révolutions de l'Italie. Nous avons déja écrit pour avoir sur les lieux mêmes des dessins et des renseignements historiques ; nous y ferons un nouveau voyage, s'il est nécessaire, afin d'acquitter, d'une maniere plus satisfaisante pour nous-mêmes et pour le public, les engagements que nous prenons avec lui.

Grâce aux événements dont nous parlons, il n'est pas un seul état de l'Italie qui n'ait figuré d'une manière active dans les scènes politiques ou militaires nées de l'entrée des Français dans ce beau pays ; il n'en est pas un qui ne fournisse à notre ouvrage le sujet d'une gravure et d'un discours, et ne facilite ainsi notre projet de donner un résumé de l'histoire complète de l'Italie pendant la guerre de la liberté.

Le général Bonaparte avait fait des fonds, avant son départ de Milan, pour que l'on frappât des médailles commémoratives des principales victoires de son armée. Cinq de ces médailles seulement ont paru jusqu'à présent, et elles sont même fort peu connues en France. Nous nous les sommes procurées, ainsi que celle que la république cisalpine a frappée en l'honneur de Bonaparte. Le célebre peintre *Appiani*, qui est l'auteur de toutes ces médailles, nous a promis les dessins de celles qui restent encore à publier : nous ferons du tout une feuille de gravure, qui accompagnera notre ouvrage; et nos souscripteurs devront à la complaisance de cet artiste distingué une suite complète dont la France ni l'Italie n'auront pas encore joui.

L'arc de triomphe élevé à Faenza, lors de la déroute de l'armée du pape, la médaille que le roi de Naples comptait distribuer à ses soldats, sont aussi des monuments histo- riques que nous voulons offrir à l'intérêt des amis des arts et de la liberté. On peut être assuré de notre soin à ne rien omettre de ce qui a pu ou pourra paraître d'intéressant en ce genre.

Pour exécuter des scènes si brillantes et si honorables pour la France, nous avons dû choisir un artiste connu par son talent pour les sujets militaires, par la fierté, la grâce et le mouvement de ses compositions; celui qui, presque le premier, a prouvé que le fils d'un grand homme peut acquérir une haute réputation dans le même art que son pere; celui que la République elle-même, par l'organe de l'Institut national, dans la fête du premier vendémiaire, a proclamé un de ses premiers dessinateurs; *Carle Vernet*. Nous pouvons annoncer au public, impatient de jouir de ces nouveaux fruits de son talent, que plusieurs des dessins qu'il a faits pour notre ouvrage ont été présentés au ministre de l'intérieur, *François de Neufchâteau*, et qu'ils ont obtenu ses applaudissements, et ceux du cercle distingué de gens de lettres et d'artistes dont il forme sa société.

Il nous suffira de nommer parmi nos graveurs *Duplessis Bertaux*, si connu par sa pointe fine et spirituelle, le digne rival de *Calot* pour l'eau-forte des petites figures; le jeune *Copia*, qui, par un heureux mélange de la taille et du pointillé, s'est placé, dès ses premiers travaux, à côté des maîtres de l'art; *Choffard* et *Masquelier l'aîné*, dont les nombreux ouvrages jouissent de la plus grande estime; *Pillement fils*, renommé par ses paysages; pour donner une idée de la perfection de toutes les parties de nos gravures. Nous pouvons promettre le même soin dans le choix du papier, qui est fabriqué exprès pour notre ouvrage dans la manufacture des citoyens *Raffy* et *Quérenet*. Le nom de *Didot aîné* dispense de faire l'éloge de l'impression.

La premiere livraison, qui contiendra les batailles de *Millesimo* et de *Mondovi*, et deux discours d'au moins quatre pages *in-folio* chacun, paraîtra le premier floréal; la seconde, qui comprendra le *Passage du Pô* et celui du *Pont de Lodi*, sera publiée le premier du mois suivant, et ainsi de mois en mois.

Le prix de chaque livraison est de 10 francs : on ne paiera qu'en recevant l'ouvrage.

Les souscripteurs qui se seront fait inscrire à Paris avant le 15 germinal recevront *gratis* une feuille de titre qui servira à faire relier l'ouvrage, le frontispice, où sera le portrait de Bonaparte, et le discours d'introduction. Cette livraison sera payée par les personnes qui n'auront pas souscrit avant l'époque désignée.

On souscrit

à Paris,

Au bureau général des *Campagnes et Révolutions d'Italie*, rue Lazare, n° 88, division du Mont-Blanc ;

Chez Ant.-Aug. Renouard, imprimeur-libraire, rue André-des-Arcs, n° 42 ;

Et chez Charles Pougens, imprimeur-libraire, rue Thomas-du-Louvre, n° 146.

à Strasbourg, chez Treuttel et Wurtz, libraires ;
à Gênes, chez Gravier et Fantin, libraires ;
à Turin, chez les freres Reycends, libraires ;
à Milan, chez Pougin, libraire, place des Marchands, n°
à Rome, chez Bouchard freres, libraires, sur le cours ;
à Bâle, chez Decker, libraire ;
à Amsterdam, chez
à Manheim, chez Dom. Artaria.

BATAILLE DE MILLESIMO,
le 25 Germinal, An 4.

TABLEAUX HISTORIQUES

DES CAMPAGNES

ET

RÉVOLUTIONS D'ITALIE

PENDANT LES ANS IV, V, VI ET VII DE L'ERE RÉPUBLICAINE.

....

BATAILLE DE MILLESIMO,

LE 25 GERMINAL, AN IV.

La victoire éclatante remportée par les Français à *Loano*, le 2 frimaire, de la même année, avait assuré leur position dans la Riviere de Gênes, par l'occupation des places d'Oneille, Final, Vado, et Savone. Ces places étaient de la plus grande importance pour l'armée française, puisqu'elles facilitaient ses communications par mer avec Nice et Marseille, et lui permettaient d'en recevoir les convois qui lui étaient nécessaires. L'armée autrichienne, à moitié détruite, rallia ses débris derriere le Tanaro, et ne s'occupa durant l'hiver qu'à réparer ses pertes, au moyen des renforts qui lui étaient envoyés, chaque jour du Milanais. Le roi de Sardaigne ne négligea rien non plus pour avoir une armée considérable dans la campagne prochaine, et le gouverne= ment napolitain fit passer deux mille quatre cents hommes de cavalerie à ses alliés, croyant sans doute que des renforts plus nombreux leur étaient inutiles pour chasser les Français de l'Italie.

Outre ces armées réunies devant eux, les Français devaient s'attendre que celles que le roi de Naples conservait sur ses frontieres, prêtes à marcher, que les troupes que le pape avait levées et qu'il faisait exercer, que celles de la république de Venise, et de tous les petits états de l'Italie, se joindraient à leurs ennemis, s'il était nécessaire, pour repousser des étrangers regardés comme les destructeurs de tout gouvernement régulier. Les prêtres, non moins alarmés du danger qui les menaçait, ne pouvaient pas manquer de seconder les efforts des gouvernements, et d'exciter les peuples contre des *hérétiques.* C'était de ces obstacles de tous les genres, et de ceux non moins difficiles que la chaîne des Alpes opposait depuis quatre ans aux efforts des Français, qu'il fallait triompher pour pénétrer en Italie, et pour

I

obliger les rois nos ennemis à demander la paix. L'armée destinée à cette
grande entreprise comptait à peine cinquante mille hommes sous ses dra=
peaux; elle n'avait, pour ouvrir la campagne, ni les magasins de vivres,
ni les équipages de transport, devenus, dans le système actuel de guerre,
aussi indispensables pour réussir que le nombre et la valeur des soldats.
Un papier-monnaie, écrasé sous son propre poids, un autre papier qui le
remplaça, et qui fut décrédité dès le jour de sa naissance, servaient depuis
dix-huit mois au paiement fictif de la solde, et les défenseurs de la France,
les conquérants de tant de provinces, n'avaient, pour se soutenir au milieu
de privations de toute espece, que l'image de la patrie qui se confiait en
eux, et qui attendait son salut de leur dévouement.

Les hostilités avaient été suspendues pendant l'hiver en Italie, sans aucune
convention expresse entre les généraux, et par la seule nécessité de donner
du repos aux troupes. Ce temps fut employé par nos ennemis à nous faire de
feintes propositions de paix, qui pussent arrêter nos préparatifs de guerre.
Ils n'étaient que trop bien secondés par des Français insensés qui, jetant
sans cesse un œil de regret sur des temps passés sans retour, faisaient tous
leurs efforts pour entraver la marche du gouvernement constitutionnel qui
venait de s'établir. Le Directoire était donc placé, à l'ouverture de la cam=
pagne, entre les embarras des finances, causés par la disparution totale du
numéraire qu'il fallait ramener par degrés dans la circulation, entre la
guerre civile qui dévorait toujours nos départements de l'Ouest, et ce parti
coupable, qui, revenu de l'effroi que lui avait causé le canon de Vendé=
miaire, conspirait de nouveau, et ne cessa de verser sur les vainqueurs de
l'Italie le poison de la haine et du mensonge.

Ce fut le même général, vainqueur dans Paris pour la république, qui fut
choisi pour conduire nos soldats à de plus doux, à de plus glorieux triom=
phes. Ce général ne s'était encore fait connaître qu'au siege de Toulon, où il
avait commandé l'artillerie; il avait présenté ensuite un projet d'invasion de
l'Italie, que les circonstances qui suivirent le 9 thermidor empêcherent d'exé=
cuter. Bonaparte s'était fait remarquer dès sa plus grande jeunesse, par son
amour de la gloire, par un génie porté aux entreprises les plus extraordi=
naires, et par une froideur de tête qui ne lui dérobait rien de ses dangers ni
de ses ressources. Il ne fallait rien moins sans doute que toutes ces qualités
dans le général qui entreprenait la conquête de l'Italie avec d'aussi faibles
moyens que ceux de notre armée. C'est par leur audace que ses premieres
attaques seront sur-tout remarquables; mais les évènements postérieurs
feront ressortir complètement les autres traits carastéristiques de son esprit.

Bonaparte était à Nice, le 6 germinal; il assemble sur-le-champ les géné=
raux et les administrateurs de son armée, apprend d'eux la pénurie où elle
se trouve, et seul n'en paraît point effrayé. Il encourage les militaires par

l'assurance d'un succès prochain, distribue aux fournisseurs le peu d'argent dont il peut disposer, et communique à tous l'enthousiasme et les espérances qui l'animent.

Deux mots qu'il dit à cette époque font connaître quelle était la disposition de son esprit, pour son armée et pour lui-même. « *Si nous sommes* « *vaincus*, disait-il, *nous aurons trop ; si nous sommes vainqueurs, nous n'au*« *rons besoin de rien* ». — Et en regardant les montagnes énormes qui le séparaient de l'Italie : « *Dans quinze jours je les aurai passées, ou l'on m'aura rap*« *porté en France sur une civiere.* »

Il transporta, le 12, son quartier général à Albinga, dans la Riviere de Gênes, pour être plus près du centre de son armée qui avait sa droite appuyée sur Savone, et sa gauche vers Montenotte. Les soixante-dixieme et quatre-vingt-dix-neuvieme demi-brigades, occupaient Voltri, fort en avant de leur droite, à six lieues de Savone, et à trois de Gênes. Bonaparte avait vu, dans cette disposition de troupes, un moyen de donner le change à l'ennemi, et de lui faire croire qu'il voulait pénétrer en Italie par la *Bocchetta*. Beaulieu y fut trompé en effet, et, après plusieurs mouvements propres à cacher quel serait le but de son attaque, il se présenta devant Voltri, le 20 germinal, an 4, avec un corps de dix mille hommes. Le général Cervoni, qui commandait dans Voltri, fit, quoique bien inférieur en nombre, une résistance vigoureuse, et se retira, dans la nuit, sur la *Madona* de Savone, où était appuyé le centre de l'armée. Cette retraite se fit dans le plus grand ordre, et fut protégée par quinze cents hommes que Bonaparte avait placés à cet effet aux avenues de Sasello et sur les hauteurs de Varaggio.

Le 21, dès le point du jour, les généraux Beaulieu et Roccavina attaquerent et culbuterent, à la tête de quinze mille hommes, toutes les positions qui couvraient le centre de l'armée française, et arriverent à une heure après midi devant la redoute de *Montelesimo*, qui en était le dernier retranchement. Ils comptaient sans doute, s'ils emportaient ce poste, pénétrer jusqu'à Savone, qui n'en est éloignée que d'une lieue, et couper la retraite aux troupes de Voltri et de Varaggio. La redoute fut attaquée avec une fureur extrême, et les Autrichiens tenterent plusieurs fois de monter à l'assaut : mais les quinze cents hommes qui la défendaient les repousserent toujours par le seul feu de leur mousqueterie, et leur firent perdre plus de quatre cents hommes, tués ou blessés.

« Ce fut, écrivait Bonaparte, dans cette redoute que le chef de brigade « Rampon, par un de ces élans qui caractérisent une ame forte et formée « pour les grandes actions, fit, au milieu du feu, prêter à ses soldats le « serment de mourir tous plutôt que de se rendre ». Honneur au brave qui donna ce grand exemple à ses compagnons d'armes ! Le serment de *Montele*-*simo* leur révéla le secret de leur force, et préluda dignement à leurs immortels exploits. La campagne qui s'ouvrait par une telle action, et l'armée qui contenait des héros capables de prononcer et de tenir ce serment, annon= çaient assez quel rang elles occuperaient dans l'histoire.

L'ennemi passa la nuit à la portée du pistolet de la redoute, et paraissait décidé à recommencer son attaque le lendemain. Bonaparte, profitant de l'acharnement qu'il mettait à forcer cette position, et ne doutant pas que ses flancs ne soient à découvert, fait porter, pendant la nuit, deux pieces de canon dans la redoute, afin d'en rendre l'approche plus difficile; fait poster, derriere, le général la Harpe, avec toutes les troupes de la droite, et lui= même, avec le centre et la gauche de son armée, part, au milieu de la nuit, accompagné des généraux Berthier, Masséna, et du commissaire Salicetti, et se porte, en passant par Altare, sur les flancs et les derrieres de l'ennemi.

L'attaque recommença, le 22, dès la pointe du jour à *Montelesimo*. Beau= lieu, qui avait reçu des renforts, et la Harpe, se choquaient avec vigueur, et avec différents succès; quand « Masséna parut, dit Bonaparte, en semant la « mort et l'épouvante sur le flanc et le derriere des ennemis, où commandait « M. Argenteau ». Leur surprise les empêcha de résister long-temps, et ils furent mis complètement en déroute. Deux de leurs généraux, Rocca= vina et Argenteau, furent grièvement blessés dans cette journée, où les Autrichiens perdirent quinze cents morts, deux mille cinq cents blessés, et plusieurs drapeaux. Ils furent poursuivis jusqu'à Carcare, où le quartier général s'établit, dès le soir même, et à Cairo, qu'ils furent forcés d'aban= donner.

Cette bataille prit son nom du village de *Montenotte*, situé dans les mon= tagnes, à une lieue, à-peu-près de *Montelesimo*.

La position de notre armée se trouvait fort améliorée par cette victoire; elle occupait tous les pendants des Alpes qui versent dans la Méditerranée; mais la crête de ces montagnes était toujours au pouvoir des Autrichiens, qui communiquaient, par leur droite, avec l'armée piémontaise. Il fallait encore escalader les Alpes pour chasser les ennemis de leurs positions, et séparer leurs armées, afin de leur ôter la supériorité qu'elles acquéraient par leur réunion : il fallait sur-tout entrer promptement en Piémont, si l'on voulait que l'armée ne manquât pas absolument des approvisionnements de toute espece dont elle avait besoin. Trois jours suffirent à l'activité de Bona= parte pour les préparatifs et le gain de la bataille qui devait donner de si importants résultats. Nous transcrivons sa dépêche au Directoire exécutif, où les mouvements qui précédérent et accompagnerent la victoire sont parfaite= ment décrits.

« Après la bataille de Montenotte, je transportai mon quartier général à Carcare; j'ordonnai au général divisionnaire la Harpe de se porter sur *Sosello*, pour menacer d'enlever les huit bataillons que l'ennemi avait dans cette ville, et de se porter, le lendemain, par une marche rapide et cachée, dans la ville de Cairo. Le général Masséna se porta, avec sa division, sur les hauteurs de Dego. Le général divisionnaire Augereau, qui était en marche depuis deux jours avec les soixante-neuvieme et trente-neuvieme demi=brigades, bivouaqua dans la plaine de Carcare. Le général de brigade Ménard, occupa les hauteurs de Biestro, et le général de brigade Joubert, avec la premiere demi-brigade d'infanterie légere, occupa la position intéres=sante de Sainte-Marguerite. »

« Le 24, à la pointe du jour, le général Augereau, avec sa division, força les gorges de Millesimo, dans le temps que les généraux Ménard et Joubert chasserent l'ennemi de toutes les positions environnantes, envelopperent, par une manœuvre prompte et hardie, un corps de quinze cents grenadiers autrichiens, à la tête desquels se trouvait le lieutenant-général Provera, che=valier de l'ordre de Marie-Thérese, qui, loin de poser les armes et de se rendre prisonnier de guerre, se retira sur le sommet de la montagne de Cos=saria, et se retrancha dans les ruines d'un vieux château, extrêmement fort par sa position. »

« Le général Augereau fit avancer son artillerie; l'on se canonna pendant plusieurs heures. À onze heures du matin, ennuyé de voir ma marche arrêtée par une poignée d'hommes, je fis sommer le général Provera de se rendre. Il demanda à me parler; mais une canonnade vive, qui s'engagea vers ma droite, m'obligea à m'y transporter. Il parlementa avec le général Augereau pendant plusieurs heures; mais les conditions qu'il voulait n'étant pas raisonnables, et la nuit approchant, le général Augereau fit former quatre colonnes, et marcha sur le château de Cossaria. Déja l'intrépide général Joubert, grenadier pour le courage, et bon général par ses connais=sances et ses talents militaires, avait passé avec sept hommes dans les retran=chements ennemis; mais, frappé à la tête, il fut renversé par terre: ses soldats le crurent mort, et le mouvement de sa colonne se ralentit. Sa bles=sure n'est pas dangereuse. »

« La seconde colonne, commandée par l'adjudant-général Banel, mar=chait avec un silence morne et armes sur le bras, lorsque ce brave général fut tué au pied des retranchements ennemis. »

« La troisieme colonne, commandée par l'adjudant-général Quénin, fut également déconcertée dans sa marche, une balle ayant tué cet officier-gé=néral. Toute l'armée a vivement regretté la perte de ces deux braves offi=ciers. »

« La nuit, qui arriva sur ces entrefaites, me fit craindre que l'ennemi ne cherchât à se faire jour l'épée à la main. Je fis réunir tous les bataillons, et je fis faire des épaulements en tonneaux, et des batteries d'obusiers à demi-por=tée de fusil. »

« Le 25, à la pointe du jour, l'armée sarde et autrichienne, et l'armée française se trouverent en présence. Ma gauche, commandée par le général Augereau, tenait toujours bloquée le général Provera. Plusieurs régiments ennemis, où se trouvait entre autres le régiment de Belgiojoso, essaye= rent de percer mon centre : le général de brigade Ménard les repoussa vive= ment. Je lui ordonnai aussitôt de se replier sur ma droite ; et avant une heure après midi, le général Masséna déborda la gauche de l'ennemi, qui occupait, avec de forts retranchements et de vigoureuses batteries, le village de Dego. Nous poussâmes nos troupes légeres jusqu'au chemin de Dego à Spino. Le général la Harpe marcha avec sa division, sur trois colonnes serrées en masse : celle de gauche, commandée par le général Causse, passa la Bormida sous le feu de l'ennemi, ayant de l'eau jusqu'au milieu du corps, et attaqua l'aile gauche de l'ennemi par la droite ; le général Cervoni, à la tête de la seconde colonne, traversa aussi la Bormida, sous la protection d'une de nos batteries, et marcha droit aux ennemis ; la troisieme colonne, commandée par l'adjudant-général Boyer, tourna un ravin, et coupa la retraite à l'ennemi. »

« Tous ces mouvements, secondés par l'intrépidité des troupes et les talents des différents généraux, remplirent le but qu'on en attendait. Le sang-froid est le résultat du courage, et le courage est l'apanage de tous les Français. »

« L'ennemi, enveloppé de tous les côtés, n'eut pas le temps de capituler ; nos colonnes y semerent la mort, l'épouvante et la fuite. »

« Pendant que sur notre droite nous faisions les dispositions pour l'attaque de la gauche de l'ennemi, le général Provera, avec le corps de troupes qu'il commandait à Cossaria, se rendit prisonnier de guerre. »

« Nos troupes s'acharnerent de tous côtés, à la poursuite de l'ennemi. Le général la Harpe se mit à la tête de quatre escadrons de cavalerie, et les poursuivit vivement. »

« Nous avons fait dans cette journée de sept à neuf mille prisonniers, parmi lesquels un lieutenant-général, vingt ou trente colonels ou lieu= tenants-colonels. »

BATAILLE DE MONDOVI,
le 3 Floréal an 4.

BATAILLE DE MONDOVI,

LE 3 FLORÉAL, AN IV.

L'ARMÉE française, dans l'espace de six jours, avait remporté deux vic=
toires, pris quarante canons, des magasins, des bagages, avait fait perdre
plus de 12,000 hommes à l'ennemi, et avait franchi les Alpes avec une
rapidité sans exemple dans l'histoire. Le village de Dego, si opiniâtré=
ment défendu par les Autrichiens dans la journée du 25 germinal, est
situé sur le sommet de ces montagnes; sa possession, en assurant aux
Français l'entrée de l'Italie, coupait la communication des armées au=
trichienne et sarde, et donnait à Bonaparte la facilité d'attaquer l'une,
pendant qu'il tiendrait l'autre en échec. Beaulieu connut tout le danger
que lui faisait courir cette position, et, rassemblant 7,000 hommes,
l'élite de son armée, il fit attaquer, le 26, dès le point du jour, la droite
des Français, qui occupait Dego. Nos troupes, surprises, accablées de fa=
tigue et de sommeil, se battant à demi-nues et sans armes, furent chassées
du village. Masséna, dès qu'il eut rassemblé une partie de sa division, com=
mença l'attaque: il fut repoussé à trois reprises différentes. Le général Causse
n'avait pas été plus heureux. Il venait de rallier la 99ᵉ demi-brigade, char=
geait les ennemis, et était près de les atteindre à la baïonnette, lorsqu'il
tomba blessé à mort. Dans cet état, il apperçoit Bonaparte, il rappelle
le reste de ses forces pour lui demander: *Dego est-il repris?* et il meurt,
en faisant des vœux pour la République. L'affaire cependant ne se décidait
point, et il était deux heures après midi. Bonaparte fait former en colonne
la 89ᵉ demi-brigade de ligne, commandée par le général Victor, tandis que
l'adjudant-général Lasnus, ralliant la 8ᵉ d'infanterie légère, se précipite,
à sa tête, sur la gauche de l'ennemi. Ce mouvement combiné enleva Dego.
La cavalerie achève la déroute des Autrichiens qui laissent 600 morts et
1,400 prisonniers.

D'un autre côté, le général Rusca s'emparait de la position importante
de San-Giovanni, qui domine la vallée de la Bormida; Augereau occu=
pait les redoutes de Montesemo, que l'ennemi évacuait à son approche,
et ouvrait ainsi une communication avec la division du général Serrurier,
que Bonaparte avait chargé de garder la vallée d'Oncille et les bords du
Tanaro, et qui, apprenant nos succès, s'était avancé le long de ce fleuve,
et avait pris de fortes positions, presque sous Ceva.

Cette place, forte par elle-même, par sa position sur le Tanaro, et

par la citadelle qui la défend, était encore protégée par un camp retran=
ché qui contenait 8,ooo Piémontais. Bonaparte, tranquille du côté de Beau=
lieu, poussa, dès le jour même de la reprise de Dego, de fortes reconnais=
sances jusques sous Ceva, qui enlevèrent à l'ennemi quelques bonnes po=
sitions, et rendirent plus facile l'approche de son camp.

Le 27, Augereau descendit des hauteurs de Montesemo, et attaqua les
redoutes qui défendaient le camp retranché. Les colonnes commandées par
les généraux Bayrand et Joubert, se battirent tout le jour et s'emparèrent du
plus grand nombre de ces redoutes. L'ennemi allait être tourné par Castel=
lino ; il sentit le danger qui le menaçait, et la nuit il évacua sa position.

Serrurier, le 28, au point du jour, entra dans Ceva, où l'armée trouva
de nombreux magasins de vivres, et il investit sur-le-champ la citadelle.
La marche de nos troupes avait été si rapide et si pénible que l'artillerie
de siege n'avait pu les suivre, à travers ces montagnes, et qu'elles n'en
avaient point pour commencer celui de Ceva.

Bonaparte rendit ainsi compte au Directoire exécutif des succès qui sui=
virent la prise de cette ville :

« L'armée Piémontaise, chassée de Ceva, prit des positions au confluent
de la Cursaglia et du Tanaro, ayant sa droite appuyée sur Notre-Dame de
Vico, et son centre sur la Bicoque. Le premier floréal, le général Ser=
rurier attaqua la droite de l'ennemi par le village de Saint-Michel. Il passa
le pont sous le feu des ennemis, les obligea, après trois heures de combat,
à évacuer le village : mais le Tanaro n'étant point guéable, la division qui
devait attaquer la gauche de l'ennemi ne put l'inquiéter que par des tirail=
leurs. L'ennemi se renforça sur sa droite ; ce qui décida Serrurier à la re=
traite, qu'il fit dans le meilleur ordre : chacun, à la nuit, se trouva dans sa
position. »

« Celle de l'ennemi était formidable ; environné de deux rivières rapides,
profondes et torrentueuses, il avait coupé tous les ponts, et avait garni
leurs bords de fortes batteries. Nous passàmes toute la journée du 2 à faire
des dispositions, et à chercher réciproquement, par de fausses manœuvres,
à cacher nos véritables intentions. »

« A deux heures après minuit, Masséna passa le Tanaro, près de Ceva,
et vint occuper le village de Lesegno. Les généraux de brigade Guieux et
Fiorella s'emparèrent du pont de la Torre. Mon projet était de me porter
sur Mondovi, et d'obliger l'ennemi à changer de champ de bataille. Cepen=
dant le général Colli, craignant l'issue d'un combat qui eût été décisif sur
une ligne aussi étendue, se mit, dès deux heures après minuit, en pleine
retraite, évacua toute son artillerie, et prit le chemin de Mondovi. À la
pointe du jour les deux armées s'apperçurent ; le combat commença dans
le village de Vico. Le général Guieux se porta sur la gauche de la ville ;

les généraux Fiorella et Dammartin attaquèrent et prirent la redoute qui couvrait le centre de l'ennemi; dès-lors l'armée sarde abandonna le champ de bataille : le soir même nous entrâmes dans Mondovi. »

« L'ennemi a perdu 1,800 hommes, dont 1,300 prisonniers : un géné= ral piémontais a été tué, et trois sont prisonniers. Nous avons pris onze drapeaux, huit pieces de canon, et quinze caissons. Les généraux, offi= ciers, et soldats ont très bien fait leur devoir. »

« Toute l'armée regrette avec raison le général de division Stengel, blessé mortellement, en chargeant à la tête d'un régiment de cavalerie, celle des Piémontais qui s'enfuyait de Mondovi vers Cherasco. »

Cette victoire sembla si décisive à la cour de Sardaigne, par le décou= ragement qu'elle avait jeté dans ses troupes, et par la fermentation qu'elle faisait naître parmi les Piémontais, que, dès le lendemain, 4 floréal, le commandant de l'armée sarde, le général Colli, proposa une armistice à Bonaparte, pour donner aux plénipotentiaires, que l'on envoyait à Gènes, le temps de traiter de la paix. Nous rapportons en entier la réponse de Bonaparte, qui est très remarquable, comme tout ce qu'il a écrit en ce genre, par le ton de simplicité, de convenance, et de modération qui y regne. »

« La position militaire et morale des deux armées rend toute suspen= sion d'armes pure et simple, impossible. Quoique je sois en particulier con= vaincu que le gouvernement accordera des conditions de paix raisonnables à votre roi, je ne puis, sur des présomptions vagues, arrêter ma marche. Il est cependant un moyen de parvenir à votre but, conforme aux vrais intérêts de votre cour, et qui épargnerait une effusion de sang inutile, et dès-lors contraire à la raison et aux lois de la guerre : c'est de mettre en mon pouvoir deux des trois forteresses de Coni, d'Alexandrie, de Tortone, à votre choix. Nous pourrons alors attendre, sans hostilités, la fin des né= gociations qui pourraient s'entamer : cette proposition est très modérée; les intérêts mutuels qui doivent exister entre le Piémont et la République fran= çaise, me portent à desirer vivement de voir éloigner de votre pays les malheurs de toute espece qui le menacent. »

Bonaparte, malgré ces ouvertures, ne laissa point endormir sa prudence et son activité; il sembla, au contraire, ne s'occuper qu'à augmenter l'effroi de la cour de Turin, afin de hâter l'acceptation des propositions qu'il lui avait faites, et de pouvoir retourner aux Autrichiens, après avoir assuré les derrieres de son armée.

Les Piémontais avaient pris leurs positions entre Coni et Cherasco. Cette derniere ville, forte par sa situation au confluent de la Sture et du Tanaro, l'est aussi par une enceinte bastionnée, très bien palissadée et fraisée.

La journée du 4 fut employée à passer l'Elero, et à jeter de nouveaux ponts sur le Pesio : le soir, l'avant-garde arriva à Carru : le lendemain, après quelques escarmouches de cavalerie, elle entra dans la ville de Bene.

Serrurier se porta, le 6, avec sa division, à la Trinité, et canonna la ville de Fossano, quartier-général de Colli. Masséna se porta contre Cherasco, et culbuta les grandes gardes des ennemis. À l'instant où on plaçait des batteries d'obusiers, pour couper les palissades, les Piémontais évacuèrent la ville, après avoir tiré seulement quelques coups de canon.

Cette conquête fut de la plus grande importance pour les Français, puisqu'elle servit à appuyer leur droite, et qu'elle leur fournit de grandes ressources en subsistances. On y trouva vingt-huit pièces de canon, et de grands magasins.

Les 7 et 8, Fossano se rendit à Serrurier, et Albe à Augereau. Bonaparte ordonna de jeter plusieurs ponts de bateaux sur le Tanaro, dans cette derniere ville, qui n'est qu'à huit lieues de Turin.

Le gouvernement sarde, déterminé par un danger aussi pressant, fit écrire, le 7, à Bonaparte, qu'il consentait à lui remettre les forteresses de Coni et de Tortone, pendant les négociations de paix, qui allaient s'ouvrir.

Une armistice fut signée en conséquence, le 9 floréal, et la paix le fut à Paris, le 26 du même mois. Le roi de Sardaigne y renonça à tous ses droits sur la Savoie, les comtés de Nice, de Tende et de Beuil. Il consentit à laisser occuper par les Français, jusqu'à la paix générale, toutes ses citadelles qui regardent nos frontieres, à en démolir les fortifications, sans pouvoir jamais les rétablir, etc... Un traité de paix de ce genre se rencontre trop rarement dans l'histoire de la diplomatie, pour que nous ne nous soyons pas fait un devoir d'en rapporter les principaux articles.

Ainsi, moins de quinze jours suffirent à nos guerriers pour détacher de la ligue des rois armés contre nous celui qui, par la position de ses états, pouvait le plus nuire à nos entreprises au-delà des Alpes, et sans l'alliance duquel aucune guerre en Italie n'avait pu réussir aux Français. Ce prince opiniâtre perdit un tiers de ses provinces, un mois seulement après avoir refusé la paix que le Directoire consentait à lui donner à des conditions avantageuses. Il voulut alors abdiquer la couronne en faveur de son fils qui passait pour être plus agréable aux Français. C'est ce fils qui, devenu roi bientôt après, s'est couvert du voile sacré de l'alliance pour assassiner impunément nos freres d'armes, jusqu'à ce qu'enfin la République, indignée de sa perfidie, l'ait chassé de ses frontieres, et l'ait relégué dans une Isle, décorée du nom pompeux de royaume, mais où il ne pourra conserver du moins que la volonté, et non le pouvoir de lui nuire.

PASSAGE DU PÒ, DEVANT PLAISANCE,
le 19 Floréal, An 4.

PASSAGE DU PÔ, DEVANT PLAISANCE,

LE 19 FLORÉAL, AN IV.

Bonaparte avait ouvert la campagne avec une armée que des privations de toute espece avaient entraînée à l'indiscipline et au pillage. Bien résolu de réprimer, par toute la sévérité des lois et par toute la force de sa volonté, cette habitude si funeste aux succès militaires, il avait néanmoins différé de s'en occuper, tant que, voulant sur-tout prévenir l'ennemi par la rapidité de sa marche, et n'ayant à traverser qu'un pays montueux et pauvre, il n'avait ni un instant à perdre, ni des résultats bien fâcheux à craindre du passage de ses troupes dans les montagnes du Piémont; mais à peine ses premieres victoires lui eurent-elles ouvert l'entrée de ce vaste bassin qui, situé sous le plus heureux ciel, arrosé par de larges fleuves sans cesse renouvelés par des lacs immenses, prodigue à l'homme, presque sans aucun travail, tous les trésors de la nature, et s'étend depuis Turin jusqu'au-delà de Padoue et de Bologne, borné par les Alpes, la mer Adriatique, et les Apennins, qu'il chercha à préserver de la rapacité des vainqueurs ces belles contrées qui devaient au reste subvenir aux requisi= tions légales et régulieres que nécessitaient les besoins de l'armée, et qui le pouvaient d'autant plus facilement qu'à leurs richesses naturelles elles joignaient le rare bonheur d'avoir été épargnées depuis un demi-siecle par le fléau de la guerre. Tels furent les motifs qui dicterent la proclamation qu'il adressa à son armée dès le 7 floréal, du quartier-général de *Cherasco*. L'histoire conservera cette proclamation, comme un modele du style à em= ployer avec des soldats victorieux dont on ne veut ni diminuer les exploits, ni dissimuler les torts; qu'il faut conduire à de nouveaux triomphes par l'attrait de la gloire plus encore que par l'appât des récompenses, et qui, s'ils sont Français et républicains, se soumettront au devoir le plus pénible, quand il leur sera imposé au nom de la patrie, de l'honneur, et de la liberté.

« Soldats,

« Vous avez, en quinze jours, remporté six victoires, pris vingt-un dra= peaux, cinquante-cinq pieces de canon, plusieurs places fortes, conquis la partie la plus riche du Piémont; vous avez fait quinze mille prisonniers, tué ou blessé plus de dix mille hommes.

« Vous vous étiez jusqu'ici battus pour des rochers stériles, illustrés par votre courage, mais inutiles à la patrie ; vous égalez aujourd'hui, par vos services, l'armée conquérante de Hollande et du Rhin. Dénués de tout, vous avez suppléé à tout ; vous avez gagné des batailles sans canons, passé des rivieres sans ponts, fait des marches forcées sans souliers, bivouaqué sans eau-de-vie et souvent sans pain. Les phalanges républicaines, les sol= dats de la liberté, étaient seuls capables de souffrir ce que vous avez souf= fert. Graces vous en soient rendues, soldats ! la patrie reconnaissante vous devra en partie sa prospérité ; et si, vainqueurs de Toulon, vous présa= geâtes l'immortelle campagne de 1793, vos victoires actuelles en présagent une plus belle encore.

« Les deux armées qui naguere vous attaquaient avec audace fuient épouvantées devant vous ; les hommes pervers qui riaient de votre misere, se réjouissaient dans leur pensée des triomphes de vos ennemis, sont con= fondus et tremblants.

« Mais, soldats, il ne faut pas vous le dissimuler, vous n'avez rien fait, puisqu'il vous reste encore à faire. Ni Turin ni Milan ne sont à vous ; les cendres des vainqueurs des Tarquins sont encore foulées par les assassins de Bassville.

« Vous étiez dénués de tout au commencement de la campagne, vous êtes aujourd'hui abondamment pourvus ; les magasins pris à vos ennemis sont nombreux, l'artillerie de siege et de campagne est arrivée. Soldats, la patrie a droit d'attendre de vous de grandes choses : justifierez-vous son attente ? Les plus grands obstacles sont franchis, sans doute ; mais vous avez encore des combats à livrer, des villes à prendre, des rivieres à pas= ser. En est-il d'entre vous dont le courage s'amollisse ? en est-il qui préfére= raient de retourner sur les sommets de l'Apennin et des Alpes essuyer pa= tiemment les injures de cette soldatesque esclave ? Non, il n'en est pas par= mi les vainqueurs de Montenotte, de Millesimo, de Dego et de Mondovi : tous brûlent de porter au loin la gloire du peuple français ; tous veulent humilier ces rois orgueilleux qui osaient méditer de nous donner des fers ; tous veulent dicter une paix glorieuse, et qui indemnise la patrie des sacri= fices immenses qu'elle a faits ; tous veulent, en rentrant dans leurs villages, pouvoir dire avec fierté : J'étais de l'armée conquérante de l'Italie...

« Amis, je vous la promets, cette conquête : mais il est une condition qu'il faut que vous juriez de remplir ; c'est de respecter les peuples que vous délivrez ; c'est de réprimer les pillages horribles auxquels se portent des scélérats suscités par nos ennemis : sans cela, vous ne seriez point les libérateurs des peuples, vous en seriez les fléaux ; vous ne seriez pas l'hon= neur du peuple français, il vous désavouerait ; vos victoires, votre cou= rage, vos succès, le sang de nos freres morts aux combats, tout serait perdu, même l'honneur et la gloire. Quant à moi et aux généraux qui ont votre confiance, nous rougirions de commander à une armée sans discipline, sans frein, qui ne connaîtrait de loi que la force. Mais, investi de l'autorité natio= nale, fort de la justice et par la loi, je saurai faire respecter à ce petit nombre d'hommes sans courage et sans cœur les lois de l'humanité et de l'honneur, qu'ils foulent aux pieds. Je ne souffrirai pas que des brigands souillent vos lauriers ; je ferai exécuter à la rigueur le règlement que j'ai fait mettre à l'ordre ; les pillards seront impitoyablement fusillés ; déja plusieurs l'ont été. J'ai eu lieu de remarquer avec plaisir l'empressement avec lequel les bons soldats de l'armée se sont portés pour faire exécuter les ordres.

« Peuples de l'Italie, l'armée française vient pour rompre vos chaînes ; le peuple français est l'ami de tous les peuples : venez avec confiance au-devant d'elle ; vos propriétés, votre religion et vos usages seront respectés.

« Nous ferons la guerre en ennemis généreux, et nous n'en voulons qu'aux tyrans qui vous asservissent. »

Après avoir appuyé par des exemples sévères son ordonnance contre les pillards qui déshonoraient l'armée et la faisaient haïr, Bonaparte ne s'occupa plus qu'à continuer ses opérations, et à pousser ses succès avec toute l'activité de son caractere.

Dès le 10, lendemain de la signature de l'armistice avec le roi de Sar= daigne, l'armée se mit en marche. L'avant-garde occupa *Acqui* ; la droite *Alba* et *Cravasagna* ; le centre *Cherasco*, *Bra*, et *Samarie*, près *Carmagnole* ; la gauche *Fossano* et *Coni*.

Quoique notre position fût devenue beaucoup meilleure depuis l'armi= stice, il ne fallait rien moins qu'un génie fécond en ressources pour trouver dans une armée affaiblie par de nombreux combats et par des garnisons des moyens suffisants pour observer l'armée piémontaise, encore forte de plus de vingt mille hommes, que l'on aurait sur ses derrieres si l'on pour= suivait Beaulieu, et pour forcer celui-ci, qui avait encore trente mille hommes sous ses ordres, à repasser le Pô.

Ce fleuve, large et rapide, fournissait aux Autrichiens une ligne de défense naturelle et très forte, protégée par une nombreuse artillerie. Derriere le Pô, Beaulieu avait établi trois autres lignes également fortes, le long de la *Gogna*, du *Tardeppio*, et du *Tésin*. Cela le détermina à mettre ce grand fleuve entre lui et l'armée française, bien persuadé qu'elle ne pourrait de long-temps en forcer le passage. Les Romains, déja vainqueùrs des Carthaginois sur terre et sur mer, et conquérants de la plus grande partie de l'Italie, ne parvinrent à passer ce fleuve que l'an 530 de la fondation de leur ville : Bonaparte y réussit huit jours après l'avoir entrepris.

L'article IV de l'armistice avec le roi de Sardaigne avait accordé aux

Français la faculté de passer le Pô à *Valenza*. Cette place avait été éva=
cuée par les Napolitains qui l'occupaient, et remise à une garnison pié=
montaise. Cette ruse diplomatique, et l'approche de quelques troupes des
murs de *Valenza*, persuaderent à Beaulieu que Bonaparte voulait tenter
le passage sous cette ville. Celui-ci ne s'occupa qu'à inquiéter l'ennemi, et
à le tromper sur ses véritables intentions. Il distribua ses divisions par
échelons, sur différents points. Le 18, on se canonna vivement d'un bord
à l'autre du fleuve; et Bonaparte se transporta, par une marche forcée, à
Castel-S.-Giovanni, avec cinq mille hommes d'infanterie et quinze cents
chevaux. À onze heures du soir, le chef de bataillon d'artillerie Andréossi
et l'adjudant-général Frontin parcoururent avec cent hommes de cavalerie
la rive du Pô jusqu'à Plaisance, et arrêterent cinq barques chargées de riz,
d'officiers, de cinq cents malades, et de toute la pharmacie de l'armée
autrichienne.

Bonaparte, en marchant sur Plaisance, dans l'intention d'y passer le
fleuve pour peu qu'il s'y trouvât des bateaux et de quoi faire des radeaux,
ne demandait que de cacher pendant vingt-quatre heures sa marche à
Beaulieu. Si, au contraire, son mouvement était connu, et que les
Autrichiens évacuassent la Lumelline, toutes les mesures étaient prises
pour passer le Pô à *Valenza*. Mais Bonaparte tenait bien davantage à son
mouvement sur Plaisance, en ce qu'alors les lignes de défense de l'ennemi
étaient tournées, ainsi que la ville de Pavie, et qu'il se rapprochait de
Milan.

« Le 19, à neuf heures du matin (écrivait Bonaparte au Directoire),
nous sommes arrivés au Pô, vis-à-vis Plaisance. Il y avait de l'autre côté
deux escadrons de hussards (*) qui faisaient mine de vouloir nous disputer
le passage; nous nous précipitâmes dans les bateaux, et abordâmes de
l'autre côté. Après quelques coups de fusil, la cavalerie ennemie se replia.

« Le chef de brigade Lasnes, aussi brave qu'intelligent, est le premier
qui a mis pied à terre. Les divisions de l'armée, qui étaient toutes en
échelons à différentes distances, ont précipité leur marche du moment
que le mouvement a été démasqué, et ont passé dans la journée.

« Cependant Beaulieu, instruit de notre marche, se convainquit, mais
trop tard, que ses fortifications du Tésin et ses redoutes de Pavie étaient
inutiles; que les républicains français n'étaient pas si ineptes que Fran=
çois Ier. Il ordonna à un corps de six mille hommes et de deux mille
chevaux de se porter à notre rencontre, et de s'opposer au débarquement,
ou de nous attaquer lorsque nous ne serions pas encore formés. Il s'est
trompé dans son calcul.

(*) C'était de la cavalerie napolitaine. Elle fut très maltraitée dans l'attaque qui suivit ce passage.

« Le 19, sur le midi, j'appris qu'une division ennemie était près de nous; nous marchâmes : les ennemis avaient vingt pieces de canon, et étaient retranchés dans le village de Fombio. Le général de brigade Dallemagne, avec les grenadiers, attaqua sur la droite; l'adjudant-général Lanus, sur la chaussée; le chef de brigade Lasnes, sur la gauche. Après une vive canonnade, et une résistance assez soutenue, l'ennemi dut songer à la retraite. Nous l'avons poursuivi jusques sur l'Adda. Il a perdu une partie de ses bagages, trois cents chevaux, et cinq cents morts ou prisonniers, parmi lesquels plusieurs officiers.

« Pendant la nuit, un autre corps d'Autrichiens de cinq mille hommes, qui était à Casal, partit à quatre heures du soir pour venir au secours de celui de Fombio. Arrivé près de Codogno, quartier-général du général Laharpe, où il arriva à deux heures après minuit, il envoya des tirailleurs qui culbuterent nos vedettes. Le général Laharpe monta à cheval pour s'assurer de ce que ce pouvait être. Il fit avancer une demi-brigade; l'ennemi fut culbuté, et disparut; mais, par un malheur irréparable pour l'armée, le général Laharpe, frappé d'une balle, tomba mort sous le coup. La République perd un homme qui lui était très attaché; l'armée, un de ses meilleurs généraux; et tous les soldats, un camarade aussi intrépide que sévère pour la discipline. Le général Berthier se rendit sur-le-champ à Codogno; il a poursuivi l'ennemi, lui a pris Casal, et une grande quantité de bagages. La 70ᵉ demi-brigade et le général Ménard se sont parfaitement conduits.

« Le succès du combat de Fombio est dû en grande partie au courage du chef de brigade Lasnes. Je recommande au Directoire le fils du général Laharpe, pour avoir une place de lieutenant de cavalerie.

« Je demande la confirmation de l'adjudant-général Frontin, qui, non compris dans le travail de prairial, n'a pas cessé de servir avec courage.

« Le passage du Pô est une des opérations les plus essentielles : il y avait des paris que nous ne le passerions pas de deux mois. »

Interrompons un moment le récit de ces brillants succès, pour remarquer qu'ils ne sont dus qu'au concours du plus grand dévouement des soldats, des officiers, et des généraux. Ceux-ci, toujours placés à la tête de leurs colonnes, les rendent invincibles par leur présence et leur exemple; et six d'entre eux, dans une campagne d'un mois, ont déja mêlé leur sang à celui de leurs intrépides compagnons d'armes. Ce fut là, n'en doutons point, une des principales causes des triomphes de Bonaparte : le soldat ne fuit point le danger que partage son général; et le noble orgueil qui l'anime quand il se voit accompagné de ses chefs ne peut qu'accroître sa valeur, et le conduire à la victoire.

Le gouvernement français, de son côté, encourageait par de justes éloges et félicitait au nom de la nation les généraux qui s'étaient distingués le plus. Les lettres qu'il écrivit à Berthier, Masséna, Augereau, Rampon, etc., sont des monuments du soin que prenait le Directoire de rendre justice à leurs talents. Il était guidé dans cette distribution de louanges par Bonaparte, qui, comme nous l'avons vu dans ses rapports, se plaisait à faire connaître la portion de gloire qui revenait à chacun de ses compagnons.

La ville de Plaisance, témoin d'une défaite des Français en 1746, nous vit donc réparer notre honte par cet audacieux passage du Pô, exécuté avec quelques barques seulement, et par le glorieux combat de Fombio, livré peu loin des rives du fleuve. Les succès militaires amenent des négociations heureuses. Ce fut à Plaisance même que fut signé l'armistice accordé au duc de Parme par Bonaparte, qui en rendit compte en ces termes au Directoire exécutif :

« Vous trouverez ci-joints les articles de la suspension d'armes que j'ai accordée au duc de Parme. Je vous enverrai le plutôt possible les plus beaux tableaux du Correge, entre autres un S. Jérôme, que l'on dit être son chef-d'œuvre. J'avoue que ce saint prend un mauvais temps pour arriver à Paris ; j'espere que vous lui accorderez les honneurs du Musée. Je vous réitere la demande de quelques artistes connus, qui se chargeront du choix, et des détails du transport des choses rares que nous jugerons devoir envoyer à Paris. »

Cet armistice, qui obligeait le duc de Parme à payer deux millions à l'armée française, à lui donner vingt des plus beaux tableaux de ses états, près de deux mille chevaux, et des approvisionnements de bouche de toute espece, le replaçait au nombre des puissances neutres, parmi lesquelles on aurait toujours dû le compter. Mais, entraîné par l'exemple, il avait secondé de tous les efforts que lui permettait sa faiblesse la ligue des états de l'Italie contre la France. Cette funeste condescendance avait conduit dans le Par= mesan un ennemi puissant et victorieux ; et il ne fallut rien moins que la considération de notre alliance avec l'Espagne pour conserver l'infant duc de Parme sur le trône, et pour empêcher une révolution politique qui était fort desirée dans ses états. Le gouvernement de ce prince était néanmoins assez doux ; mais (par une fatalité qui semble attachée à tous ceux qui ont épousé des archiduchesses d'Autriche) il est gouverné par sa femme, qui à son tour gouverne l'état. Éleve de *Condillac,* qui passa plusieurs années à Parme, et qui fit pour l'éducation du jeune infant son célebre *cours d'études,* il a peu profité des leçons d'un tel maître. Entièrement absorbé par les pratiques les plus minutieuses de la religion, il vit, retiré des affaires, dans sa maison de plaisance de *Colorno,* au milieu des dominicains qui y possedent un couvent. On assure même qu'il est entré dans leur ordre.

PASSAGE DU PONT DE LODI,
le 21 Floréal, An 4.

BATAILLE DE LODI,

LE 21 FLORÉAL AN IV.

La Lombardie était désormais ouverte à l'armée française, qui pouvait pénétrer sans obstacle jusqu'à Milan; mais cette conquète était bien plus assurée si l'on parvenait à attirer l'ennemi dans une nouvelle affaire géné= rale. Bonaparte, dans ce dessein, avait disposé ses divisions de maniere à pouvoir les réunir en moins de trois heures sur le même point. Mais Beaulieu, malgré sa nombreuse cavalerie, dont il pouvait tirer tant de parti dans un pays de plaine, mit tous ses soins à éviter un engagement, et prit une forte position derriere l'Adda, riviere large et rapide, en face de la ville de Lodi. On ne pouvait parvenir à lui que par un pont de deux cents metres de longueur, qu'il n'avait pas eu le temps de couper, et dont il avait fortifié la tète par des redoutes garnies d'une nombreuse artillerie. Bonaparte, qui poursuivait ses succès avec une activité qu'on ne peut trop remarquer, après avoir poussé jusques sous Pizzighitone les restes du corps d'armée qu'il avait défait à Fombio, se porta sur Lodi dans la matinée du 21. Les approches en étaient défendues par un bataillon de *Nadasti*, et par deux escadrons, qui, bientôt repoussés par l'avant-garde républicaine, se jeterent dans la ville, la traverserent, et rejoignirent leur armée. Beaulieu cependant faisait pleuvoir sur Lodi une grêle de boulets et de mitraille, tant pour arrêter les Français que pour punir les habitants d'avoir trop bien reçu leurs nouveaux hôtes. C'est sous cette pluie de feu que Bonaparte fut lui-même faire placer, entre la porte de la ville et ce pont devenu si fameux, deux pieces d'artillerie, pour ôter à l'ennemi l'espoir de le couper. Ces deux pieces répondirent avec vivacité à celles des Autrichiens, et donnerent le temps à notre avant-garde d'arriver et de se former sous les murs de Lodi et sur les bords de la riviere. Mais Beaulieu avait trop d'avantage dans ce genre de combat par le nombre de ses troupes et de ses canons. Bonaparte, accoutumé à faire de toutes ses entreprises des évènements décisifs, se détermine en un instant; il forme le plus audacieux projet, le communique à ses soldats, qui l'acceptent avec gaieté, et leur fait exécuter sur-le-champ ce grand acte de courage dont les fastes militaires n'avaient point encore offert d'exemple: tant le génie a d'empire sur toutes les ames, quand il se sert, pour les enflammer, des ressorts puissants qu'y a cachés la nature! tant la valeur a de ressources, qu'elle brave la mort la plus imminente, et qu'elle s'éleve, au nom de la patrie, au-dessus de l'humanité ! Écoutons Bonaparte raconter lui-même cette immortelle action.

« Je pensais que le passage du Pô serait l'opération la plus audacieuse de la campagne, tout comme la bataille de Millesimo l'affaire la plus vive; mais j'ai à vous rendre compte de la bataille de Lodi.

« Le quartier-général arriva à Casal le 21 à trois heures du matin; à neuf heures notre avant-garde rencontra les ennemis défendant les approches de Lodi. J'ordonnai aussitôt à toute la cavalerie de monter à cheval avec quatre pieces d'artillerie légere qui venaient d'arriver, et qui étaient attelées avec les chevaux de carrosses des seigneurs de Plaisance. La division du général Augereau, qui avait couché à Borghetto, celle du général Massena, qui avait couché à Casal, se mirent aussitôt en marche. L'avant-garde, pendant ce temps-là, culbuta tous les postes des ennemis, et s'empara d'une piece de canon. Nous entrâmes dans Lodi, poursuivant les ennemis, qui déja avaient passé l'Adda sur le pont. Beaulieu, avec toute son armée, était rangé en bataille; trente pieces de canon de position défendaient le passage du pont. Je fis placer toute mon artillerie en batterie; la canonnade fut très vive pendant plusieurs heures. Dès l'instant que l'armée fut arrivée, elle se forma en colonne serrée, le second bataillon des carabiniers en tête, et suivi par tous les bataillons de grenadiers au pas de charge et aux cris de *vive la République*. On se présenta sur le pont; l'ennemi fit un feu terrible; la tête de la colonne paraissait même hésiter. Un moment d'hésitation eût tout perdu : les généraux Berthier, Massena, Cervoni, Dallemagne, le chef de brigade Lasnes, et le chef de bataillon Dupat, le sentirent, se précipi= terent à la tête, et déciderent le sort encore en balance.

« Cette redoutable colonne renversa tout ce qui s'opposa à elle; toute l'artillerie fut sur-le-champ enlevée; l'ordre de bataille de Beaulieu fut rompu; elle sema de tous côtés l'épouvante, la fuite et la mort; dans un clin d'œil l'armée ennemie fut éparpillée. Les généraux Rusca, Augereau et Bayrand passerent dès l'arrivée de leurs divisions, et acheverent de décider la victoire. La cavalerie passa l'Adda à un gué : mais ce gué s'étant trouvé extrêmement mauvais, elle éprouva beaucoup de retard; ce qui l'empêcha de donner. La cavalerie ennemie essaya, pour protéger la retraite de l'infan= terie, de charger nos troupes; mais elle ne les trouva pas faciles à épouvanter. La nuit qui survint, et l'extrême fatigue des troupes, dont plusieurs avaient fait dans la journée plus de dix lieues, ne nous permirent pas de nous acharner à leur poursuite. L'ennemi a perdu vingt pieces de canon, deux à trois mille hommes morts, blessés, et prisonniers. Le citoyen Latour, aide-de-camp capitaine du général Massena, a été blessé de plusieurs coups de sabre : je demande la place de chef de bataillon pour ce brave officier. Le citoyen Marmont, mon aide-de-camp chef de bataillon, a eu un cheval blessé sous lui. Le citoyen Marois, mon aide-de-camp capitaine, a eu son habit criblé de balles : le courage de ce jeune officier est égal à son activité.

« Si j'étais tenu de nommer tous les militaires qui se sont distingués dans cette journée extraordinaire, je serais obligé de nommer tous les carabiniers et grenadiers de l'avant-garde, et presque tous les officiers de l'état-major ; mais je ne dois pas oublier l'intrépide Berthier, qui a été dans cette journée canonnier, cavalier, et grenadier. Le chef de brigade Sugny, commandant l'artillerie, s'est très bien conduit.

« Beaulieu fuit avec les débris de son armée ; il traverse dans ce moment-ci les états de Venise, dont plusieurs villes lui ont fermé les portes.

« Quoique depuis le commencement de la campagne nous ayons eu des affaires très chaudes, et qu'il ait fallu que l'armée de la République payât souvent d'audace, aucune cependant n'approche du terrible passage du pont de Lodi.

« Si nous n'avons perdu que peu de monde (*), nous le devons à la promptitude de l'exécution, et à l'effet subit qu'ont produit sur l'armée ennemie la masse et les feux redoutables de cette invincible colonne.

« Je vous prie de confirmer le citoyen Monnier adjudant-général, qui sert en cette qualité, quoique non compris dans le dernier travail. Je vous demande la place de capitaine pour le citoyen Rey, aide-de-camp du brave Massena, et pour le citoyen Thoiret, digne adjudant-major du troisieme bataillon des grenadiers. Dès l'instant que nous resterons deux jours dans le même endroit, je vous ferai passer le rapport des hommes qui se sont particulièrement distingués dans cette célebre journée.

« Le commissaire du gouvernement a toujours été à mes côtés ; l'armée a des obligations réelles à son activité. »

La victoire de Lodi était décisive pour la campagne. L'armée autri=chienne, désormais trop faible pour résister à la nòtre, était obligée de se retirer dans les marais de Mantoue pour y attendre des renforts et se re=mettre en état de reprendre l'offensive. Elle abandonnait donc le château de Milan à sa fortune, et la Lombardie tout entière à la discrétion du vainqueur. Bonaparte, pour mieux s'en assurer la conquête, voulut s'em=parer de toutes les places qui pouvaient présenter quelques points d'appui. La forteresse de Pizzighitone, sur l'Adda, fut obligée de se rendre le 23, après avoir essuyé la veille une vive canonnade ; et Beaulieu, qui comptait qu'elle servirait à couvrir sa retraite sur le Mantouan, le long de la rive

---

(*) Cette journée ne coûta aux Français qu'environ deux cents hommes.

gauche du fleuve, apprit chemin faisant qu'elle était déja occupée par les Français. Il ne lui resta plus d'autre route que celle du Crémasque et du Brescian pour regagner les environs de Mantoue. Crémone n'opposa aucune résistance aux vainqueurs. Pavie, qui avait été pendant quelque temps le séjour du quartier-général de Beaulieu, se soumit pareillement, et l'on trouva dans ses murs la plupart des immenses magasins de l'armée impériale.

« Parmi les traits brillants de valeur qui signalerent l'audacieuse attaque du pont de Lodi, en voici un, écrivait Berthier, qui rend d'une maniere aussi simple que vive tout le mérite de cette action. Après le combat, le général en chef a demandé les noms des carabiniers qui composaient la premiere section de la colonne : on lui a envoyé le contrôle du bataillon. On y a joint un autre trait de la plus rare valeur. Un grenadier, nommé *Laforge*, de la 21ᵉ demi-brigade, après s'être élancé jusques dans les retranchements des ennemis, y a tué, seul, cinq hullans, et a décidé la déroute entiere de l'escadron. »

Le même général avait transmis au Directoire le récit de plusieurs autres actes de courage non moins éclatants qu'il avait recueillis depuis le com= mencement de la campagne. A *Mondovi*, un capitaine de grenadiers de la 19ᵉ demi-brigade, nommé *Paoli*, ne cesse de marcher pendant toute l'ac= tion à la tête de sa troupe, quoique blessé d'un coup de feu. Au passage du *Pô*, c'est notre infanterie légere qui ose attaquer la cavalerie napolitaine, qui la presse, la harcele, et l'oblige à fuir. Dans la même action, *Adam*, *Amelin*, *Bertran*, *Clairandeau*, *Almari*, *Dubois*, *Baudot*, des premiere et deuxieme compagnies de carabiniers du premier bataillon, sont entourés par vingt hussards ennemis ; ils se forment en peloton, les attendent à demi-portée, font feu, les mettent en désordre, se jettent dans les haies, et font deux prisonniers.

Chaque pas de notre armée en Italie fournissait des traits pareils, que nous regrettons de ne pouvoir consigner ici ; à chaque pas aussi le génie du chef, secondé par la valeur des soldats, procurait de nouveaux triomphes à la République.

ENTRÉE DES FRANÇAIS DANS MILAN
le 25 Floréal An 4.

ENTRÉE DES FRANÇAIS DANS MILAN,

LE 25 FLORÉAL AN IV.

Cᴇ́sᴀʀ écrivait au sénat ces trois mots si célèbres, *Veni, vidi, vici.* Cette
rapidité des expéditions est un des caracteres de la guerre des peuples
libres; et les Français ont prouvé plus d'une fois qu'ils pouvaient rivaliser
de célérité avec les Romains. Après la bataille de Lodi, Beaulieu, fuyant
vers Mantoue, fut poursuivi dans sa retraite : Pizzighitone, couvert par
l'Adda qui en avait retardé la prise, fut investi le 22 floréal, et pris le len=
demain par l'armée française, après une vive canonnade; Crémone se
rendit sans essayer d'opposer aux vainqueurs une résistance inutile. Ce=
pendant l'avant-garde, commandée par Masséna, se dirigeait sur Milan:
Bonaparte y entra le 26 au milieu des cris de joie d'une foule immense,
reçut en passant la soumission de Pavie, où il trouva presque tous les
magasins de l'armée impériale, et, de ce moment, put regarder comme
terminée la conquête de la Lombardie.

Le 27, il y eut illuminations; le 28, on mit les scellés sur toutes les
caisses, tant archiducales que de la ville, et il fut arrêté qu'elles seraient
versées dans les caisses françaises. On ne laissa que les armes nécessaires
pour une garde limitée qui fit le service : Milan s'obligea à entretenir
15,000 hommes pour cerner la citadelle. Une contribution provisoire de
vingt millions fut demandée à la ville; et, afin de la rendre moins oné=
reuse au peuple, on consacra au paiement l'argenterie des églises et les
fonds des monts-de-piété.

Une colonne française, s'approchant de Modene, avait fait fuir à
Venise le duc souverain de cette contrée. Prévoyant que les Français exi=
geraient des contributions, il constitua pendant son absence une régence
pour gouverner ses états, et ne lui laissa pas trente mille livres pour faire
face aux circonstances critiques qui les menaçaient : dans un manifeste
qu'il publia le lendemain de son départ, il promit à ses chers et fideles
sujets de revenir aussitôt que l'orage serait dissipé. De son asyle de
Venise il envoya au général Bonaparte son frere, le commandeur d'Est,
en qualité de plénipotentiaire, pour obtenir une suspension d'armes :
l'armistice fut conclu le premier prairial.

Les conditions de cet armistice étaient, 1ʳ que le duc de Modene
paierait à la République française sept millions cinq cents mille livres,

5

monnaie de France, dont trois millions seraient versés sur-le-champ dans la caisse du payeur de l'armée; deux millions, dans le délai de quinze jours, entre les mains de M. de Balbi, banquier de la République française à Gênes; et le restant entre les mains du même banquier, dans le délai d'un mois; 2° qu'il serait fourni en outre 2,500,000 liv. en denrées, poudres, et autres munitions de guerre désignées par le général; 3° que le duc de Modene serait tenu de livrer vingt tableaux, à prendre dans sa galerie ou dans ses états, au choix des citoyens commis à cet effet; et que, moyennant ces conditions, les Français, en passant par les états du duc, ne feraient aucune réquisition, et que les vivres qui leur seraient fournis seraient payés de gré à gré.

Les écrivains partiaux ou mal informés ont présenté la conduite des Français envers les ducs de Parme et de Modene comme un abus de la force; ils ignoraient sans doute la part très active que ces princes avaient prise à la coalition, et les secours qu'ils lui avaient fournis en hommes, en vivres, en argent, et en munitions: leur éloignement et l'idée qu'ils pouvaient servir sans danger les ennemis de la France, et suivre les mouvements naturels de leur haine contre le système républicain, les ont cruellement trompés.

Tandis que des chants de victoire retentissaient dans toutes les communes de la République, Bonaparte, fidèle à son plan d'activité, disposait l'attaque du château de Milan, s'apprêtait à poursuivre les restes de l'armée autrichienne, méditait l'invasion des états de Rome et de Naples, et s'adressait à ses freres d'armes par ce discours, publié en forme de proclamation :

« Soldats,

« Vous vous êtes précipités comme un torrent du haut de l'Apennin; vous avez culbuté, dispersé tout ce qui s'opposait à votre marche.

« Le Piémont, délivré de la tyrannie autrichienne, s'est livré à ses sentiments naturels de paix et d'amitié pour la France.

« Milan est à vous, et le pavillon républicain flotte dans toute la Lombardie. Les ducs de Parme et de Modene ne doivent leur existence politique qu'à votre générosité.

« L'armée qui vous menaçait avec tant d'orgueil ne trouve plus de barriere qui la rassure contre votre courage: le Pò, le Tesin, l'Adda, n'ont pu vous arrêter un seul jour; ces boulevards vantés de l'Italie ont été insuffisants, vous les avez franchis aussi rapidement que l'Apennin.

« Tant de succès ont porté la joie dans le sein de la patrie; vos représentants ont ordonné une fête dédiée à vos victoires, célébrée dans toutes les communes de la République: là, vos peres, vos meres, vos épouses, vos sœurs, vos amantes, se réjouissent de vos succès, et se vantent avec orgueil de vous appartenir.

« Oui, soldats, vous avez beaucoup fait.... Mais ne vous reste-t-il plus rien à faire? Dira-t-on de nous que nous avons su vaincre, mais que nous n'avons pas su profiter de la victoire? la postérité nous reprochera-t-elle d'avoir trouvé Capoue dans la Lombardie?.. Mais je vous vois déja courir aux armes; un lâche repos vous fatigue; les journées perdues pour la gloire le sont pour votre bonheur.... Eh bien! partons, nous avons encore des marches forcées à faire, des ennemis à soumettre, des lauriers à cueillir, des injures à venger.

« Que ceux qui ont aiguisé les poignards de la guerre civile en France, qui ont lâchement assassiné nos ministres, incendié nos vaisseaux à Toulon, tremblent.... l'heure de la vengeance a sonné.

« Mais que les peuples soient sans inquiétude; nous sommes amis de tous les peuples, et plus particulièrement des descendants des *Brutus*, des *Scipions*, et des grands hommes que nous avons pris pour modeles.

« Rétablir le Capitole, y placer avec honneur les statues des héros qui le rendirent célebre, réveiller le peuple romain engourdi par plusieurs siecles d'esclavage; tel sera le fruit de vos victoires: elles feront époque dans la postérité; vous aurez la gloire immortelle de changer la face de la plus belle partie de l'Europe.

« Le peuple français, libre, respecté du monde entier, donnera à l'Europe une paix glorieuse, qui l'indemnisera des sacrifices de toute espece qu'il a faits depuis six ans; vous rentrerez alors dans vos foyers; et vos concitoyens diront en vous montrant: *Il était de l'armée d'Italie....* »

Non content de disposer le courage des troupes à de nouveaux succès, le général Bonaparte songea encore à embellir la France des chefs-d'œuvre les plus rares qui faisaient l'ornement de tous les états d'Italie, et qui attiraient dans cette contrée tous les savants, les riches, et les curieux de l'Europe. Il regrettait sans doute de n'avoir pas eu cette heureuse idée après la victoire de Millesimo; car les chefs-d'œuvre du musée de Turin seraient devenus au musée français de dignes trophées des batailles de Montenotte et de Mondovi. Il fit partir de Milan pour Paris, outre une collection de tableaux des plus célebres peintres, un manuscrit écrit sur le papyrus d'Égypte, ayant environ onze cents ans, sur les Antiquités de Josephe, par Ruffin; un Virgile manuscrit, ayant appartenu à Pétrarque, avec des notes de sa main; un manuscrit très curieux sur l'histoire des papes, etc.

Elle mérite assurément une mention particuliere dans nos annales cette conduite d'un général qui, après avoir exigé des pays soumis des contributions pécuniaires, des vivres, etc., les oblige aussi à livrer quelques uns de ces monuments des arts que l'or ne paie point, de ces chefs=d'œuvre que jadis les Romains allaient conquérir dans la Grece : elle répond victorieusement aux diatribes ridicules de nos ennemis qui, dans leurs écrits, représentaient toujours les Français comme un peuple de barbares, chez qui il n'existe ni civilisation, ni industrie, ni goût pour les arts. Voilà des *barbares* bien extraordinaires! ils respectent les propriétés particulieres de ceux qu'ils soumettent, et parmi les *dépouilles des sou=verains*, celles qu'ils semblent affectionner davantage, ce sont des tableaux, des statues, des livres! N'est-ce pas par une conduite semblable que les Fabius, les Marcellus et les Scipions honorerent à jamais leur patrie?

RÉVOLTE DE PAVIE,
le 7 Prairial An 4.

RÉVOLTE DE PAVIE,

LE 7 PRAIRIAL AN IV.

L'ARMÉE française , en entrant dans la Lombardie par la défaite des
Autrichiens, n'aurait pas dû s'attendre à y être forcée de réprimer le peuple
lui-même ; les témoignages d'alégresse qu'elle avait reçus devaient lui faire
concevoir d'autres espérances : elle fut cependant réduite à cette triste po=
sition. Le clergé et la noblesse, qui redoutaient encore plus les opinions
des républicains que leurs baïonnettes , unis par leurs intérêts, leurs
craintes et leur haine, suscitèrent des soulèvements , des troubles inté=
rieurs, et employèrent à cet effet les moyens qui leur avaient presque tou=
jours réussi dans les précédentes invasions. Des attroupements séditieux
se manifestèrent dans les faubourgs de Milan : les rebelles voulurent désar=
mer la troupe envoyée pour les dissiper ; plusieurs furent blessés, et le
reste prit la fuite. Cependant on sonnait le tocsin dans les campagnes ; les
prêtres et les nobles excitaient au massacre des Français ;· les paysans
assassinaient sur les routes leurs ordonnances et les employés de l'admi=
nistration ; et la garnison laissée à Pavie, surprise chez ses hôtes, avait
été désarmée. Le mouvement combiné avait eu lieu au même moment
à Vareze, à Pavie, à Lodi. Sans un prompt remède, le mal pouvait s'é=
tendre, et devenir très dangereux. Voici comment le général Bonaparte
lui-même rend compte de cet évènement et de ses résultats :

« Je partis de Milan le 5 prairial pour me rendre à Lodi : je ne laissai
à Milan que les troupes nécessaires pour le blocus du château. Je sortis de
cette ville comme j'y étais entré, au milieu des applaudissements et de
l'alégresse de tout un peuple réuni. J'étais bien loin de penser que cette
alégresse était feinte, que déja les trames étaient ourdies, et une lâche
trahison sur le point d'éclater.

« J'étais à peine arrivé à Lodi, que le général Despinoy, commandant
à Milan, m'apprit que, trois heures après mon départ, on avait sonné le
tocsin dans une partie de la Lombardie ; que l'on avait publié que Nice
était pris par les Anglais, que l'armée de Condé était arrivée par la Suisse
sur les confins du Milanais, et que Beaulieu, renforcé de soixante mille
hommes, marchait sur Milan. Les prêtres , les moines, le poignard et le
crucifix à la main, excitaient à la révolte, et provoquaient l'assassinat :

6

de tous côtés et par tous les moyens, on sollicitait le peuple à marcher contre l'armée. Les nobles avaient renvoyé leurs domestiques, disant que l'égalité ne permettait pas d'en tenir : tous les affidés de la maison d'Au= triche, les sbires, les agents des douanes, se montrèrent au premier rang.

« Le peuple de Pavie, renforcé de cinq à six mille paysans, investit les trois cents hommes que j'avais laissés dans le château : à Milan on essaie d'abattre l'arbre de la liberté, on déchire et foule aux pieds la cocarde tri= colore. Le général Despinoy, commandant de la place, monte à cheval; quelques patrouilles mettent en fuite cette populace aussi lâche qu'effré- née. Cependant la porte qui conduit à Pavie est encore occupée par les rebelles, qui attendent à chaque instant les paysans pour les y introduire : il fallut, pour les y soumettre, battre le terrible pas de charge; mais, à la vue de la mort, tout rentra dans l'ordre.

« À peine instruit de ce mouvement, je rebroussai chemin avec trois cents chevaux et un bataillon de grenadiers. Je fis arrêter à Milan une grande quantité d'otages; j'ordonnai que l'on fusillât ceux qui avaient été pris les armes à la main; je déclarai à l'archevêque, au chapitre, aux moines, et aux nobles, qu'ils me répondraient de la tranquillité publique.

« La municipalité taxa à trois livres d'amende par domestique qui avait été licencié. La tranquillité consolidée à Milan, je continuai mon chemin sur Pavie. Le chef de brigade Lasnes, commandant la colonne mobile, attaqua Binasco, où sept à huit cents paysans armés paraissaient vouloir se défendre; il les chargea, en tua une centaine, et éparpilla le reste. Je fis sur-le-champ mettre le feu au village. Quoique nécessaire, ce spectacle n'en était pas moins horrible : j'en fus douloureusement affecté. Mais je prévoyais que des malheurs plus grands menaçaient encore la ville de Pavie. Je fis appeler l'archevêque de Milan, et je l'envoyai de ma part porter au peuple insensé de Pavie la proclamation ci-jointe(*), mais en vain.

«Je me portai, à la pointe du jour, sur Pavie; les avant-postes des rebelles furent culbutés. La ville paraissait garnie de beaucoup de monde, et en état de défense; le château avait été pris, et nos troupes prisonnieres. Je fis avancer l'artillerie; et, après quelques coups de canon, je sommai les

(*) *Proclamation du général en chef de l'armée d'Italie*, du 6 prairial.

« Une multitude égarée, sans moyen réel de résistance, se porte aux derniers excès dans plusieurs communes, méconnaît la République, et brave l'armée triomphante de plusieurs rois. Ce délire inconce-vable est digne de pitié : on égare ce pauvre peuple pour le conduire à sa perte. Le général en chef, fidele aux principes qu'a adoptés la nation française, qui ne fait pas la guerre aux peuples, veut bien laisser une porte ouverte au repentir ; mais ceux qui, sous vingt-quatre heures, n'auront pas posé les armes, n'auront pas prêté de nouveau serment d'obéissance à la République, seront traités comme rebelles ; leurs villages seront brûlés. Que l'exemple terrible de Binasco leur fasse ouvrir les yeux ; son sort sera celui de toutes les villes et villages qui s'obstineront à la révolte. »

misérables de poser les armes, et d'avoir recours à la générosité française : ils répondirent que, tant que Pavie aurait des murailles, ils ne se rendraient pas. Le général Dammartin fit placer de suite le sixième bataillon des grenadiers en colonne serrée, la hache à la main, avec deux pieces de huit en tête; les portes furent enfoncées: cette foule immense se dispersa, se réfugia dans les caves et sur les toits, essayant en vain, en jetant des tuiles, de nous disputer l'entrée des rues. Trois fois l'ordre de mettre le feu à la ville expira sur mes levres, lorsque je vis arriver la garnison du château, qui avait brisé ses fers, et venait, avec des cris d'alégresse, embrasser ses libérateurs. Je fis faire l'appel; il se trouva qu'il n'en manquait aucun. Si le sang d'un seul Français eût été versé, j'aurais fait élever, des ruines de Pavie, une colonne, sur laquelle j'aurais fait écrire : *Là était la ville de Pavie.* J'ai fait fusiller la municipalité, arrêter deux cents otages, que j'ai fait passer en France. Tout est aujourd'hui parfaitement tranquille; et je ne doute pas que cette leçon ne serve de regle aux peuples de l'Italie. »

Bonaparte, pour prévenir efficacement le retour de mouvements qui pouvaient trop bien seconder les Autrichiens, déclara rebelles tous les villages qui ne s'étaient pas conformés à son ordre du 6 prairial. Les généraux eurent ordre de faire marcher contre eux les forces nécessaires pour les réprimer, d'y mettre le feu, et de faire fusiller tous ceux qui seraient trouvés les armes à la main. Les prêtres, nobles ou riches, qui furent convaincus d'avoir excité le peuple à la révolte, soit en congédiant leurs domestiques, soit par des propos contre les Français, ou qui étaient restés dans les communes rebelles, furent arrêtés comme otages, et transférés en France. Le général Despinoy, commandant du Milanais, seconda cette mesure générale par une proclamation particuliere, qui ordonna le désarmement de tous les habitants de Milan et de l'arrondissement, à l'exception des gardes civiques, dans le nombre précédemment arrêté; la sortie de tous les étrangers et des gens sans aveu; la dissolution par la force armée de tout rassemblement et attroupement quelconque, et la clôture provisoire de toute société, club ou agrégation politique, sous quelque dénomination que ce pût être. Cette proclamation fut suivie d'une autre de Salicetti, commissaire du gouvernement, au peuple de la Lombardie : « Vous témoignez à présent du repentir, leur dit-il; vous demandez grace : jugez-vous vous-mêmes, et voyez si vous en êtes dignes?... Les Français veulent cependant encore vous pardonner; rentrez dans vos foyers; reprenez vos propriétés, elles seront respectées; retournez à votre industrie; vivez tranquilles; repoussez les perfides insinuations du fanatisme, qui voudrait vous séduire au nom d'une religion que nous respectons et qu'il outrage; et celles du despotisme, qui ne s'agite que parcequ'il regrette la servitude dont il vous opprimait. Si vous savez apprécier ce nouveau bienfait, les Français consentent encore à devenir vos amis..... Mais si vous devenez encore une fois ingrats et assassins, nous vous le déclarons, la vengeance sera terrible ; la mort et le ravage sont réservés pour la punition des nouveaux forfaits. »

Toutes ces précautions et la célérité de l'exécution faite à Binasco et à Pavie, où Bonaparte avait déployé autant de vigueur que de clémence, calmèrent un incendie près de s'allumer, et prévinrent, au moins pour le moment, le retour de nouvelles et semblables machinations.

ENTRÉE DES FRANÇAIS DANS LIVOURNE,
le 11 Messidor, An 4.

ENTRÉE DES FRANÇAIS

DANS LIVOURNE.

LE 11 MESSIDOR AN IV.

Après la bataille de Lodi, les débris de l'armée autrichienne, commandée par Beaulieu, s'étaient retirés au-delà du Mincio : l'armée française passa, pour les poursuivre, sur le territoire de la république de Venise, et, selon la promesse du général en chef Bonaparte, elle fut fidèle dans le chemin de l'honneur comme dans celui de la victoire. Le 10 prairial, nous passâmes le Mincio à Borghetto, à la suite d'un combat très-vif. Le 12, nous nous portâmes à Rivoli ; mais déjà l'ennemi avait passé l'Adige, et enlevé presque tous ses ponts. Le 13, la division de Masséna s'empara de Véronne, où Bonaparte porta, le 15, son quartier-général, et d'où il partit le lendemain, après y avoir laissé une bonne garnison. « Je n'ai pas caché aux habitants, dit-il dans une lettre au directoire, que si le roi de France n'eût évacué leur ville avant mon passage du Pô, j'aurais mis le feu à une ville assez audacieuse pour se croire la capitale de l'empire français. » Le 16, Mantoue fut investie, et les ennemis obligés de se retirer dans le corps de la place. Bonaparte, dans le dessein de pousser les Autrichiens au-delà du Tyrol, et d'y pénétrer lui-même, voulut s'y faire précéder par un manifeste qui lui procurât des partisans dans ce pays difficile. C'est aussi là une manière de battre ses ennemis, et peu de généraux ont manié l'arme des proclamations avec autant d'adresse que lui : on en peut remarquer beaucoup dans celle qu'il envoya aux peuples guerriers de ces montagnes.

Au quartier-général, à Tortonne, 26 prairial an 4.

« Je vais passer sur votre territoire, braves Tyroliens, pour obliger la cour de Vienne à une paix nécessaire à l'Europe comme à ses sujets. C'est votre propre cause que je vais défendre. Depuis assez long-temps vous êtes vexés et fatigués des horreurs d'une guerre entreprise, non pour l'intérêt du peuple allemand, mais pour les passions d'une seule famille.

« L'armée française respecte et aime tous les peuples, plus particulièrement les habitants simples et vertueux des montagnes. Votre religion, vos usages

7

seront partout respectés. Nos troupes maintiendront une discipline sévère, et rien ne sera pris dans le pays sans qu'il soit payé en argent.

« Vous nous recevrez avec hospitalité, et nous vous traiterons avec fraternité et amitié.

« Mais, s'il en était qui connussent assez peu leurs véritables intérêts pour prendre les armes et nous traiter en ennemis, nous serons terribles comme le feu du ciel ; nous brûlerons les maisons et dévasterons les territoires des villages qui prendront part à une guerre qui leur est étrangère.

« Ne vous laissez pas induire en erreur par les agens de l'Autriche. Garantissez votre patrie , déjà vexée par cinq ans de guerre , des malheurs qui l'affligeraient. Sous peu la cour de Vienne, obligée à la paix, rendra aux peuples ses priviléges qu'elle a usurpés , et à l'Europe la tranquillité qu'elle trouble. »

De nouveaux troubles commençaient à s'élever dans les fiefs impériaux qui confinent aux états de Gênes, de Toscane et de Piémont , et ils appelaient l'attention de Bonaparte. Les communications de son armée avec la rivière de Gênes étaient menacées ; on attaquait ses convois ; on assassinait ses courriers ; la politique et le fanatisme s'unissaient pour lui susciter des embarras sur ses derrières , afin de retarder sa marche vers le Tyrol. Il lui fallait d'ailleurs terminer les différends de la France avec Modène, Rome et Naples , détruire l'empire que les Anglais s'étaient arrogé à Livourne et en Toscane, et , en les chassant de ces ports, établir avec les Corses des communications qui les rappelassent à leurs devoirs , et les réunir dans le désir de chasser les Anglais de ce département de la république. Au milieu de tant d'occupations , il ne devait pas perdre de vue le château de Milan , ni négliger de s'occuper du siége de Mantoue. Le général Lasne entra dans les fiefs impériaux , avec douze cents hommes , arrêta et fit fusiller les chefs de la révolte , fit brûler leurs maisons, et surtout le fief d'Arquata, qui s'était signalé par les plus grands excès. La même promptitude et la même sévérité furent déployées dans les environs de Tortone ; et l'ordre suivant du général en chef , dont l'exécution fut maintenue , rétablit bientôt le calme dont on avait besoin.

Au quartier-général de Tortone, le 26 prairial an 4.

« Les habitants des fiefs impériaux , à l'instigation de plusieurs de leurs seigneurs , et des agens de l'empereur à Gênes , ont violé le serment d'obéissance qu'ils avaient prêté à la république française ; ils ont assassiné plusieurs détachements français , et ont assiégé dans Arquata les troupes qui y étaient. Il n'est point de crimes dont ils ne se soient rendus coupables ; il n'est point d'horreurs qu'ils n'aient commises. Les insensés comptaient sur l'impunité ; ils croyaient l'armée éloignée : ils ne savaient pas que les phalanges de l'armée d'Italie sont partout où il y a des ennemis de la république à punir. Ils ne savent pas encore , leurs instigateurs , qu'il n'est point de refuge qui puisse les soustraire au courroux du peuple français : qu'ils apprennent, par le spectacle terrible d'Arquata , le sort qui les attend , s'ils ne changent de conduite , et s'ils ne profitent de la porte que la clémence nationale laisse encore ouverte au repentir.

« En conséquence , le général en chef ordonne :

« ARTICLE PREMIER. Toutes les communes des fiefs impériaux en Italie , enverront sur le champ trois députés au quartier-général à Tortone , avec les procès-verbaux de la prestation de serment d'obéissance qu'elles font à la république française , et les armes qui existent dans leurs communes.

« II. Toutes les communes enverront deux otages pour être garants de leur fidélité.

« III. Tous les seigneurs possédant fiefs impériaux seront tenus de se rendre à Tortone , pour prêter leur serment d'obéissance à la république ; et si , cinq jours après la publication du présent ordre , ils ne l'ont pas fait , leurs biens seront confisqués.

« IV. Vingt-quatre heures après la publication du présent ordre , les communes porteront à l'agent militaire , à Tortone , le montant de la contribution militaire, qui sera augmentée d'un dixième par journée de retard qu'elles mettront dans le payement.

« V. Ceux qui , quarante-huit heures après la publication du présent ordre, seront trouvés avec des armes ou munitions , seront fusillés.

« VI. Toutes les cloches qui ont servi à sonner le tocsin , seront descendues du clocher et brisées , vingt-quatre heures après le reçu du présent ordre ; ceux qui ne l'auront pas fait , seront réputés rebelles , et il sera mis le feu à leurs villages. Les municipalités et les curés sont responsables de l'exécution du présent article. »

Pendant ce temps , une colonne française marchait sur le lac de Côme , s'emparait du fort Fuentes , qui en défend l'entrée et commande celle du pays des Grisons, et faisait démolir cette forteresse. La division du général Augereau avait l'ordre de se porter sur Bologne; elle y arriva le 1.er messidor , après avoir passé le Pô à Borgoforte , tandis que le général Vignolles s'emparait du fort Urbin. Une division française se porta ensuite sur Ferrare et Faënza, dont la soumission présageait celle de la Romagne ; et le général Vaubois se porta de Reggio , à travers les Appennins , sur Pistoie, paraissant se rendre à Rome par Florence. Son arrivée fut prévenue ; les succès des Français engagèrent enfin le Pape à conclure un armistice le 5 messidor. On ne négligea pas les circonstances de frayeur qui pouvaient rendre avantageuse cette suspension : les ports des états du Pape furent fermés aux bâtiments des puissances en guerre avec la république, et ouverts aux bâtiments français ; nous continuâmes de rester en possession des légations de Bologne et de Ferrare; nous évacuâmes celle de Faënza , et nous devions être mis en possession de la citadelle d'Ancône , qui donnait la supériorité sur le Golfe Adriatique.

Cependant le pavillon de la république française était constamment insulté dans le port de Livourne par les Anglais, et il n'était pas au pouvoir du Grand-Duc de les réprimer et de maintenir sa neutralité. Le directoire exécutif sentit dès-lors qu'il était de son devoir de repousser la force par la force, de faire respecter son commerce; et il donna l'ordre de prendre possession de Livourne. Bonaparte prévint le Grand-Duc de cette mesure, dont il lui représenta la justice et la nécessité; et, le 10 messidor, il entra dans Livourne avec les généraux Murat et Vaubois. Quelques heures auparavant, plus de quarante bâtiments anglais, chargés, étaient sortis de ce port. Le gouverneur Spannochi, qui leur avait laissé enlever, sous le feu de ses batteries, deux bâtiments français, valant 500 mille livres, fut arrêté et conduit, par ses propres soldats, à Florence, où le général Bonaparte se rendit, le 12, et fut accueilli par le Grand-Duc, avec lequel il dîna. Lorsqu'on était au dessert, il apprit que, la veille, le château de Milan avait été obligé de se rendre au général Despinoy; et cette nouvelle fut reçue à la cour du Grand-Duc avec les dehors de l'impassibilité.

Lors de la marche des Français sur Livourne, le Grand-Duc avait été vivement sollicité de s'en aller; mais il ne prêta point l'oreille à ses perfides conseillers, et il resta ferme dans sa capitale, environné de nos troupes, mais se reposant sur la loyauté française. « Cette conduite, écrivait le général Bonaparte au directoire, lui a mérité une part dans mon estime. »

Pour faire procurer à l'armée française ce qui lui était nécessaire, le Grand-Duc préposa le général Strasoldo, qui s'acquitta des ordres qu'il avait reçus avec autant d'empressement que de succès. Il fut enjoint au consul Belleville de faire les recherches de tous les objets, de toutes les marchandises appartenant aux Anglais, à l'Empereur, à l'impératrice de Russie, et généralement à tous les princes ou sujets des états avec lesquels nous étions en guerre. Les scellés furent aussitôt mis sur leurs effets. Les déclarations exigées en conséquence de cette mesure, si elles étaient négligées ou incomplètes, devaient exposer à des recherches sévères et à des résultats fâcheux. L'instruction du général en chef était que toutes les propriétés ennemies fussent remises au pouvoir de la république, comme prises faites en mer, attribuées, pour le contentieux, à la jurisdiction consulaire. Les négociants, et surtout les juifs, ayant proposé aux Français de se désister de toutes leurs prétentions, moyennant une somme dont on conviendrait, les Français y consentirent pour six millions, et cet accommodement passa pour avantageux aux deux partis. L'épouvante n'avait été que momentanée à Livourne; la bonne conduite des Français avait parfaitement rassuré les habitants. On y laissa une forte garnison, et le général Vaubois pour y commander.

BATAILLE DE CASTIGLIONE,
le 16 Thermidor, An 4.

BATAILLE

DE

CASTIGLIONE.

LE 16 THERMIDOR AN IV.

Cependant les bruits les plus alarmants sur le sort de l'armée d'Italie circulaient en France depuis quelques jours. On savait que le nouveau général des Autrichiens, Wurmser, avait reçu de nombreux renforts; on savait qu'il voulait en profiter pour débloquer Mantoue, et que son dessein était de reporter le théâtre de la guerre dans le Milanais. On avait appris que, le 11 thermidor, ce général avait fait avancer une forte colonne sur Salo, qu'il avait enlevé aux Français, ainsi que Brescia, et qu'une autre colonne de son armée ayant forcé le poste de la Corona, avait passé entre le lac de la Garda et l'Adige, et, par ce mouvement, contraint l'armée française d'évacuer Véronne. L'inquiétude était grande; mais la confiance dans les talents de Bonaparte l'était encore davantage, et elle ne fut point trompée. En effet, il trouva en lui-même des ressources non-seulement pour arrêter les progrès de l'ennemi, mais encore pour anéantir ses forces. Dans ces circonstances difficiles, percé par une armée nombreuse que des avantages devaient nécessairement enhardir, ce général sentit qu'il fallait adopter un plan vaste. L'ennemi, en descendant du Tyrol par Brescia et l'Adige, le mettait au milieu. Si l'armée républicaine était trop faible pour faire face aux deux divisions, elle pouvait battre chacune d'elles séparément, et, par sa position, Bonaparte se trouvait entr'elles. Il lui était donc possible, en rétrogradant rapidement, d'envelopper la division ennemie descendue à Brescia, de la prendre prisonnière ou la battre complètement, et de là revenir sur le Mincio attaquer Wurmser, et l'obliger à repasser dans le Tyrol. Mais pour y réussir, il fallait, dans vingt-quatre heures, lever le siége de Mantoue, repasser sur-le-champ le Mincio, et ne pas donner aux deux divisions ennemies le temps de nous envelopper. La fortune sourit à ce projet, et le combat de Desenzano, les deux combats de Salo, la bataille de Lonado, celle de Castiglione, en sont les résultats.

Le 12 au soir, toutes les divisions se mirent en marche. Le 13, le général de brigade Soret défit les Autrichiens à Salo , leur prit deux drapeaux , deux pièces de canon et deux cents prisonniers , et délivra le général Guieux qui y était cerné depuis quarante-huit heures , sans pain , après avoir fait la plus belle défense. Le général Dallemagne , chargé d'attaquer et de reprendre Lonado , fut attaqué lui-même. Un combat des plus opiniâtres s'engagea , et fut long-temps indécis. Enfin l'ennemi , complètement battu , laissa sur le champ de bataille 600 hommes tués ou blessés , et 600 prisonniers.

Le 14 à midi , Augereau entra dans Brescia ; nous y trouvâmes nos malades et nos magasins que l'ennemi avait abandonnés en fuyant dans la montagne.

Le 15 , l'armée est rassemblée et se porte en avant. L'ennemi fait marcher un corps considérable à Castiglione , qui était occupé par une demi-brigade que nous y avions laissée , et qui se reploya par la faute du chef, le général Valette , auquel avait été confiée la défense de cette position importante. Le général Soret avait été obligé d'abandonner Salo ; le général Guieux reçoit ordre de le reprendre. On apprend en même temps que toute l'armée du général Wurmser passait le Mincio pour venir attaquer les Français.

Le 16 , à la pointe du jour , on se trouve en présence. La division du général Augereau attaque les ennemis Castiglione , fait 2,000 prisonniers , tue 500 hommes et enlève dix-huit pièces de canon. La division de Masséna les rencontre à Lonado : nous commençons par perdre trois pièces d'artillerie ; le général Pigeon est fait prisonnier avec une partie de la dix-huitième demi-brigade formant l'avant-garde , et qui s'était portée avec audace pour s'emparer d'un poste important. La division où étaient le général en chef Bonaparte et Berthier , arrive , attaque l'ennemi avec fureur, reprend le général Pigeon et sa troupe. Les Autrichiens sont poursuivis sur Desenzano ; le général Masséna les cerne , leur coupe la retraite , et les rejette sur le lac : alors ce corps , désespéré , laisse près de deux mille prisonniers et 5 à 600 hommes tués , sept pièces de canon et trois généraux. Notre colonne sur Salo attaque l'ennemi , le bat , lui prend 150 chevaux d'artillerie , 100 hulans , 1,800 prisonniers. Des ordres sont envoyés pour occuper les défilés qui vont de Brescia sur Trente , et couper toute retraite à la division autrichienne de Salo et Gavardo. Nous perdîmes dans cette journée le général Beyrand , les chefs de brigade Pourailler , Bougon et Marmet. L'aide-de-camp , chef de brigade Junot , à la tête de la compagnie des guides , chargea le régiment de hulans , blessa son commandant , le colonel Bender , qu'il voulait faire prisonnier ; et se voyant lui - même entouré , en tua six de sa propre main , et reçut six blessures , dont aucune ne fut dangereuse.

Le 17 , nous prenons position sur la ligne de Lonado et de Monte-Chiaro. L'ennemi marche avec toutes ses forces , et prend position en arrière de Castiglione , se prolongeant la droite au Mincio , la gauche vers la Chiésa ; il rassemble tous ses moyens pour nous livrer bataille : il était important de le prévenir. Le général en chef sentant qu'il fallait , avant tout , détruire la division

ennemie à Salo et Gavardo, se portait sur ces points, lorsqu'il est arrêté à Lonado par un parlementaire, qui vient dire que la gauche de notre armée est cernée, que son général fait demander si les Français veulent se rendre. Bonaparte répond : « Allez dire à votre général que s'il a voulu insulter
» l'armée française, je suis ici ; que c'est lui-même et son corps qui est
» prisonnier ; qu'il est une des colonnes coupées par nos troupes à Salo, et
» par le passage de Brescia à Trente ; que si, dans huit minutes, il n'a pas
» mis bas les armes, que s'il fait tirer un seul coup de fusil, je fais tout
» fusiller. Debandez, dit-il, les yeux à Monsieur : voyez le général Bonaparte,
» son état-major au milieu de la brave armée républicaine ; dites à votre
» général qu'il peut faire une bonne prise : allez. » On redemande à parle-menter. Pendant ce temps, tout se dispose pour l'attaque ; le chef de la colonne ennemie demande à être entendu ; il propose de se rendre, il veut capituler. « Non, répond le général : vous êtes prisonniers de guerre. » Ils veulent de-mander à se consulter. Bonaparte donne ordre au général Berthier de faire avancer les grenadiers, l'artillerie légère, et d'attaquer. Il quitte le général ennemi, qui aussitôt crie : *Nous sommes tous rendus.* Trois bataillons autri-chiens, forts de 4,000 hommes, 20 hulans, 4 pièces de canon, 3 drapeaux, rangés en bataille, déposent les armes, et sont aussitôt mis en route pour les dépôts.

Certain que tous les corps ennemis de Gavardo et Salo étaient détruits, le général en chef ordonne un mouvement général sur Castiglione de Stivère : on marche pendant la nuit ; au jour, presque toute l'armée se trouve en présence de l'armée de Wurmser, forte de vingt-cinq mille hommes. La colonne du général Serrurier a ordre de marcher sur Castiglione ; sa position la dirigeait sur les derrières de la ligne ennemie. Tout est combiné pour qu'elle se trouve près de l'ennemi à l'instant où l'attaque doit commencer.

Les deux armées étant en présence, le 18 thermidor, à la pointe du jour, et aucun mouvement n'ayant encore été fait de part ni d'autre, à six heures du matin, Bonaparte fait faire un mouvement rétrograde à l'armée française, pour attirer l'ennemi, dans le temps que la division du général Serrurier, venant de Marcaria, tournait toute la gauche du général Wurmser. Dans le même moment, notre centre et notre gauche marchent sur le déploiement de plus d'une lieue et demie, et les avant-postes des Autrichiens sont culbutés. L'adjudant-général Verdiere attaque une redoute que les ennemis avaient faite au milieu de la plaine, pour soutenir leur gauche ; et l'aide-de-camp du général Bonaparte, Marmont, chef de bataillon, chargé de diriger vingt pièces d'artillerie légère, oblige, par ce seul feu, l'ennemi à abandonner ce poste intéressant. Le général Augereau attaque le centre de l'armée autrichienne, appuyé à la tour de Scaguello ; le général Masséna attaque la droite ; toute la cavalerie, aux ordres du général Beaumont, marche pour soutenir l'artillerie légère et l'infanterie. Partout on est victo-rieux, partout on obtient les succès les plus complets. Le général Wurmser, voyant la colonne du général Serrurier le prendre à revers , ordonne la retraite : nous les poursuivons jusqu'au Mincio. On prit à l'ennemi dix-huit pièces de canon et cent vingt caissons ; sa perte monta à deux mille hommes, tant tués que prisonniers.

Ainsi cette seconde campagne de la même année fut terminée dans l'espace de cinq jours. Le général Wurmser perdit 70 pièces de canon de campagne , tous ses caissons d'infanterie , 15,000 prisonniers , 6,000 tués ou blessés , presque tous des troupes venant du Rhin , et parmi lesquelles il y avait plusieurs escadrons de cavalerie. Tous les soldats français, officiers et généraux , déployèrent dans cette circonstance difficile , un grand caractère de prudence et de bravoure. L'armée était depuis huit jours à cheval ; Bonaparte n'avait pas dormi depuis le 11 thermidor , et le 18, il ne s'était pas encore débotté. Il serait impossible de retracer ici toutes les circonstances des exploits militaires qui rendent éternelle la gloire de l'armée d'Italie et de son général , et pour lesquels les batailles d'Annibal peuvent seules fournir des objets de comparaison. Lorsque les nouvelles de ces étonnants succès parvinrent à Paris , l'enthousiasme fut général , et un décret unanime du Corps législatif déclara que l'armée d'Italie n'avait cessé de bien mériter de la patrie. Nous citerons à cette occasion les expressions d'un orateur du Conseil des cinq-cents (Emmanuel Pastoret) , qui regrettait de ne pouvoir lui donner un témoignage plus éclatant de la reconnaissance nationale : « Nous sommes condamnés , » dit-il , à nous servir de formules usées ; mais il est beau de les avoir usées » par la victoire. »

BATAILLE DE ROVEREDO,

Le 18 Fructidor, An 4.

BATAILLE

DE ROVEREDO.

LE 18 FRUCTIDOR AN IV.

Les prodiges opérés par les armées françaises ont donné de la vraisemblance à ceux qu'on nous raconte de l'antiquité, puisqu'ils les ont surpassés. Le général autrichien Wurmser, qui menaçait depuis six semaines d'envahir l'Italie, chassé du Mantouan, était obligé de fuir au loin dans le Tyrol ; et nous étions retournés dans nos anciennes positions. Montebaldo, Preabolo, la Corona, la Roque-Danfouce et Lodron, que l'ennemi avait occupés après sa retraite, et où il paraissait vouloir tenir, étaient en notre pouvoir : les exploits des républicains se succédaient avec la rapidité de l'éclair.

Le général de division Sahuguet bloquait Mantoue. Le 7 fructidor à trois heures du matin, les Français attaquèrent le pont de Governolo et Borgo-Forte, pour faire rentrer la garnison dans ses murs. Après une vive canonnade, le général Sahuguet, en personne, s'empara du pont de Governolo, dans le temps que le général Dallemagne s'emparait de Borgo-Forte.

L'armée autrichienne, malgré ses échecs, ayant derrière elle un pays rempli de positions extrêmement fortes, s'apprêtait à venger ses défaites ; mais sa bravoure et les bonnes dispositions de son général devaient céder au génie de la république.

Bonaparte annonçait de Trente, le 20 fructidor, de ce quartier-général de Wurmser, les combats qui le lui avaient fait abandonner.

« La division du général Masséna a passé l'Adige, le 16, au pont de Golo : suivant le grand chemin du Tyrol, elle est arrivée à Alla le 17. Le même jour, à deux heures après-midi, notre cavalerie a sabré les avant-postes ennemis, et leur a pris six chevaux.

« La division du général Augereau est partie de Véronne dans le même temps, et s'est portée sur les hauteurs qui séparent les états de Venise du Tyrol.

« La division du général Vaubois est partie dans le même temps de Storo. A la gauche du lac de Garda, son avant-garde est arrivée à Torbole, où elle a été jointe par la brigade du général Guieux, qui s'était embarquée à Salo, sur le lac de Garda ; son avant-garde, commandée par le général de brigade Saint-Hilaire, a culbuté l'ennemi qu'il a rencontré au pont de la Sarca, et lui a fait cinquante prisonniers.

« Le 17, au soir, le général Pigeon, commandant l'infanterie légère de la division du général Masséna, me donne avis que l'ennemi tient en force le village de Serravalle ; il reçoit et exécute l'ordre d'attaquer : il force l'ennemi, et lui fait trois cents prisonniers.

9

« Le 18, à la pointe du jour, nous nous trouvons en présence : une division de l'ennemi gardait les défilés inexpugnables de Marco ; une autre division, au-delà de l'Adige, gardait le camp retranché de Mori. Le général Pigeon, avec une partie de l'infanterie légère, gagne les hauteurs de la gauche de Marco : l'adjudant-général Sornet, à la tête de la dix-huitième demi-brigade d'infanterie légère, attaque l'ennemi en tirailleurs ; le général de brigade Victor, à la tête de la dix-huitième demi-brigade d'infanterie de bataille, en colonne serrée par bataillons, perce par le grand chemin. La résistance de l'ennemi est long-temps opiniâtre : au même instant le général Vaubois attaque le camp retranché de Mori ; après deux heures de combat très-vif, l'ennemi plie partout. Le citoyen Marois, mon aide-de-camp, capitaine, porte l'ordre au général Dubois de faire avancer le premier régiment de hussards, et de poursuivre vivement l'ennemi. Ce brave général se met lui-même à la tête, et décide de l'affaire ; mais il reçoit trois balles qui le blessent mortellement. Un de ses aides-de-camp venait d'être tué à ses côtés. Je trouve, un instant après, le général expirant : *Je meurs pour la république ; faites que j'aie le temps de savoir si la victoire est complète.* (Il est mort).

« L'ennemi se retire à Roveredo ; j'ordonne au général de brigade Rampon de passer avec la trente-deuxième, entre cette ville et l'Adige. Le général Victor, pendant ce temps, entre, au pas de charge, dans la grande rue ; l'ennemi se replie encore, en laissant une grande quantité de morts et de prisonniers. Cependant le général Vaubois force le camp retranché de Mori, et poursuit l'ennemi sur l'autre rive de l'Adige. Il était une heure après-midi : l'ennemi, battu partout, profitait des difficultés du pays, nous tenait tête à tous les défilés, et exécutait sa retraite sur Trente ; nous n'avions encore pris que trois pièces de canon et fait mille prisonniers.

« Le général Masséna fait rallier toutes les demi-brigades, donne un moment de repos à sa division. Pendant ce temps, nous allons, avec deux escadrons de cavalerie, reconnaître les mouvements de retraite de l'ennemi : il s'est rallié en avant de Calliano pour couvrir Trente, et donner le temps à son quartier-général d'évacuer cette ville. S'il a été battu toute la journée, il a devant Calliano une position inexpugnable. L'Adige touche presque à des montagnes à pic, et forme une gorge qui n'a pas quarante toises de largeur, fermée par un village, un château élevé, une bonne muraille qui joint l'Adige à la montagne, et où il a placé toute son artillerie. Il faut de nouvelles dispositions : le général Dammartin fait avancer huit pièces d'artillerie légère pour commencer la canonnade ; il trouve une bonne position, d'où il prend la gorge en écharpe. Le général Pigeon passe avec l'infanterie légère sur la droite ; trois cents tirailleurs se jettent sur les bords de l'Adige pour commencer la fusillade ; et trois demi-brigades, en colonne serrée et par bataillons, l'arme au bras, passent le défilé. L'ennemi ébranlé par le feu vif de l'artillerie, par la hardiesse des tirailleurs, ne résiste pas à la masse de nos colonnes ; il abandonne l'entrée de la gorge. La terreur se communique dans toute sa ligne : notre cavalerie le poursuit. Le citoyen Marois, mon aide-de-camp, capitaine, à la tête de cinquante hussards, veut gagner la tête et arrêter toute la colonne ennemie ; il la traverse, et est lui-même enveloppé, jeté par terre, et blessé de plusieurs coups : une partie de l'armée ennemie lui a marché sur le corps ; il a plusieurs blessures dont aucune n'est mortelle. Le chef de brigade du premier régiment de hussards est tué. Le citoyen Baissière, capitaine de ma compagnie des guides, voit deux pièces de canon sur le point de s'échapper: il s'élance avec cinq ou six guides, et, malgré les efforts des ennemis, arrête les pièces.

« Six ou sept mille prisonniers, 25 pièces de canon, 50 caissons, 7 drapeaux ; tel est le fruit de la bataille de Roveredo, une des plus heureuses de la campagne. La perte de l'ennemi doit avoir été considérable.

« Le 19, à huit heures du matin, le général Masséna est entré dans Trente. Wurmser a quitté cette ville la veille, pour se refugier du côté de Bassano..... »

Le général Bonaparte donna dans cette affaire de nouvelles preuves de cette audace réfléchie, de cette précision de tact militaire qui, dans toutes les circonstances importantes, ont décidé nos grands succès. Suivant son usage, il avait fait précéder son entrée dans le Tyrol, d'un manifeste adressé aux Tyroliens.

Au quartier-général de Brescia, le 15 fructidor an 4.

« Vous sollicitez la protection de l'armée française ; il faut vous en rendre dignes. Puisque la majorité d'entre vous est bien intentionnée, contraignez ce petit nombre d'hommes opiniâtres à se soumettre : leur conduite insensée tend à attirer sur leur patrie les fureurs de la guerre.

« La supériorité des armes françaises est aujourd'hui constatée. Les ministres de l'empereur, achetés par l'or de l'Angleterre, le trahissent ; ce malheureux prince ne fait pas un pas qui ne soit une faute.

« Vous voulez la paix ! Les Français combattent pour elle. Nous ne passons sur votre territoire que pour obliger la cour de Vienne de se rendre au vœu de l'Europe désolée, et d'entendre les cris de ses peuples. Nous ne venons pas ici pour nous aggrandir : la nature a tracé nos limites au Rhin et aux Alpes, dans le même temps qu'elle a posé au Tyrol les limites de la maison d'Autriche.

« Tyroliens, quelle qu'ait été votre conduite passée, rentrez dans vos foyers ; quittez les drapeaux tant de fois battus et impuissants pour les défendre. Ce n'est pas quelques ennemis de plus que peuvent redouter les vainqueurs des Alpes et d'Italie ; mais c'est quelques victimes de moins que la générosité de ma nation m'ordonne de chercher à épargner.

« Nous nous sommes rendus redoutables dans les combats ; mais nous sommes les amis de ceux qui nous reçoivent avec hospitalité !

« La religion, les habitudes, les propriétés des communes qui se soumettront, seront respectées.

« Les communes dont les compagnies de Tyroliens ne seraient pas rentrées à notre arrivée, seront incendiées ; les habitants seront pris en otages et envoyés en France.

« Lorsqu'une commune sera soumise, les syndics seront tenus de donner à l'heure même la note de ceux de ses habitants qui seraient à la solde de l'empereur ; et s'ils font partie des compagnies tyroliennes, on incendiera sur-le-champ leurs maisons, et on arrêtera leurs parents jusqu'au troisième degré, lesquels seront envoyés en otage.

« Tout Tyrolien faisant partie des compagnies franches, pris les armes à la main, sera sur-le-champ fusillé.

« Les généraux de division sont chargés de la stricte exécution du présent arrêté. »

Arrivé dans leur capitale, Bonaparte organisa son gouvernement par un arrêté dont voici les dispositions.

« ARTICLE PREMIER. Le Conseil de Trente, appelé ci-devant Conseil aulique, continuera toutes les fonctions civiles, juridiques et politiques que lui accordent les usages et le gouvernement du pays.

« II. Toutes les attributions que l'empereur conservait sur la principauté de Trente, seront conférées au Conseil de Trente.

« III. Les receveurs du prince, de quelques noms que ce soit, et de quelque nature que soit l'imposition directe ou indirecte, rendront compte au Conseil de Trente.

« IV. Le Conseil de Trente rendra compte à la république de tous les revenus du prince et de l'empereur ; il veillera en conséquence à ce que rien ne soit distrait.

« V. Tous les actes se feront au nom de la république française.

« VI. Le Conseil de Trente prêtera serment d'obéissance à la république, et le fera prêter à toutes les autorités civiles et politiques du pays.

« VII. Tous les étrangers, de quelque pays qu'ils soient, qui auraient des emplois publics, seront obligés de quitter les états trentins dans les vingt-quatre heures. Le Conseil de Trente les remplacera par des naturels du pays.

« VIII. Tous les chanoines de Trente qui ne sont pas natifs de Trente, sortiront sur-le-champ de son territoire. Les chanoines de Trente se réuniront, et nommeront aux places vacantes par une liste triple, qui sera présentée au général en chef qui choisira.

« IX. Le général commandant la place tiendra lieu de capitaine de la ville.

« X. Le Conseil de Trente est chargé de l'exécution du présent ordre, sur sa responsabilité. »

Si le dessein de Wurmser et ses instructions l'obligeaient à empêcher que le théâtre de la guerre ne se transférât de l'Italie sur le Danube, on ne peut nier qu'il n'eût manœuvré avec habileté au moment où, après la bataille de Roveredo, il songea à diviser ses forces et à en jeter brusquement la majeure partie sur la gauche. Dans la suite de revers qu'il éprouvait, c'était beaucoup que d'essayer de ramener son ennemi en plaine, de l'obliger à revenir sur ses pas, malgré ses victoires, et d'augmenter par l'espérance, la résistance des défenseurs de Mantoue, dont la prise seule pouvait terminer le destin du Milanais et décider les résolutions du cabinet de Vienne sur l'Italie.

BATAILLE DE S.t GEORGE, PRÈS MANTOUE.
le 29 Fructidor An 4.

BATAILLE

DE SAINT GEORGE.

LE 29 FRUCTIDOR AN IV.

Tout ce que la prudence, la vigilance et l'activité pouvaient tenter pour cerner Wurmser et le forcer à se rendre prisonnier avec le reste de son armée, fut entrepris par Bonaparte. Ses infatigables divisions n'eurent pas un instant de repos, et les dix jours qui suivirent la bataille de Roveredo ne furent qu'une suite perpétuelle de mouvements et de combats. Nous allons donner l'extrait des rapports officiels sur ces différentes actions dont la plus brillante et la plus heureuse a été la bataille de Saint George, livrée par Masséna et Augereau, le 29 fructidor.

« Le 21 au matin, l'infanterie légère faisant l'avant-garde du général Augereau, commandée par le général Lanus, rencontre l'ennemi qui s'est retranché dans le village de Priemolan, la gauche appuyée à la Brenta, et la droite à des montagnes à pic : le général Augereau fait sur-le-champ ses dispositions, et bientôt le village est emporté. L'ennemi, mis en fuite, se rallie dans le fort de Covelo, qu'il est forcé d'évacuer après une résistance assez vive. La cavalerie républicaine le poursuit et atteint la tête de la colonne, qu'il fait prisonnière. Un grand nombre d'ennemis tués ou blessés, 4,000 prisonniers, 10 pièces de canon, 15 caissons et 9 drapeaux enlevés : tels sont pour nous les résultats de cette journée.

« Chassé de la rive droite de la Brenta, l'ennemi se retire à Bassano. Le 22, à sept heures du matin, les républicains lui livrent bataille en avant de la ville, le mettent en déroute, et le poursuivent jusqu'à Citadella. Wurmser et son quartier-général étaient encore à Bassano : nous marchons aussitôt sur cette ville ; le général Augereau y entrait par la gauche, au pas de charge, dans le temps que le général Masséna y entra par la droite, à la tête de la quatrième demi-brigade, dont une partie à la course et une partie en colonnes serrées, fonce sur les pièces qui défendent le pont de la Brenta, les enlève, passe le pont et pénètre dans la ville, malgré les efforts des bataillons de grenadiers, élite de l'armée autrichienne, chargés de protéger la retraite du quartier-général. Nous avons, dans cette journée, fait 5,000 prisonniers, enlevé 35 pièces de canon tout attelées avec leurs caissons, deux équipages de pont de 32 bateaux tout attelés, plus de 200 fourgons, également tout attelés, portant une partie des bagages de l'armée, et 5 drapeaux. Le général Wurmser et le trésor de l'armée n'ont été manqués que d'un instant.

« Le 23, la division du général Masséna devait sortir de Vicence pour se porter sur l'Adige et la passer, à Ronco, à un bac dont nous étions assurés ; la division du général Augereau marchait sur Padoue pour couper la retraite à Wurmser sur Trieste. Ces dispositions ne laissaient plus à l'ennemi d'autre espoir que de passer l'Adige à Porto-Legnago pour se jeter dans la place de Mantoue. Wurmser prit donc ce parti, et sauva, par une marche forcée, la colonne qu'il avait portée, tant devant Véronne, où elle avait été repoussée, qu'à Montebello, en se jetant dans Porto-Legnago, dont il s'empara. Le général en chef ordonna en conséquence au général Augereau, qui était à Padoue, où il avait déjà enlevé cinquante voitures de bagages à l'ennemi, de marcher sur Porto-Legnago pour cerner la place par la rive gauche, et en même temps de porter un corps sur Castel-Baldo, dans le cas où l'ennemi voulût filer le long de l'Adige pour s'échapper du côté de Venise, en tournant Padoue.

« La division du général Masséna, quoiqu'ayant fait une marche forcée, reçut l'ordre de passer l'Adige pendant toute la nuit du 23 au 24, pour se porter dans la journée, à Sanguinetto, couper la route de Porto-Legnago à Mantoue, mettre l'ennemi entre deux feux, et enlever Wurmser avec toute son armée. Des ordres avaient été expédiés à la division du général Sahuguet, qui était devant Mantoue, de détacher cinq mille hommes pour s'emparer, 1°. de Governolo, point par où l'ennemi aurait pu encore échapper, en laissant Sanguinetto sur sa droite ; 2°. pour occuper Castellaro, avec ordre de faire couper tous les ponts sur la rivière Tayone, qui y passe, jusqu'à Ponte-Molino. Ce corps arriva au poste qui lui était ordonné, par marche forcée.

« L'ennemi, qui ne pouvait présumer que le corps d'armée qui l'avait battu à Trente et à Bassano les 18 et 22 fructidor, fût en mesure de lui couper la route de Porto-Legnago à Mantoue, après avoir passé l'Adige dans des bateaux, se mit en route le 25 pour s'évader sur Mantoue. La division du général Masséna, excédée de fatigues, n'exécuta pas moins l'ordre qui lui avoit été donné de se porter sur Sanguinetto ; mais le guide qui la conduisait, la mena sur Cerea, où la tête de l'avant-garde se trouva en même temps que celle de l'ennemi ; et l'attaque commença sans que l'avant-garde ait eu le temps d'attendre la queue de la colonne. Le combat fut vif, et ne se termina qu'au moment où la queue de la colonne rejoignit. L'ennemi profita de la nuit qui survint, pour passer avec tous ses équipages, laissant une garnison assez forte à Porto-Legnago.

« Le 26, au matin, la division de Masséna marcha sur Cerea pour suivre l'ennemi et l'attaquer par derrière, tandis qu'il serait arrêté sur le Tartaro et Tayone. Deux demi-brigades furent portées sur la partie de Legnago qui est à la rive droite de l'Adige, tandis que la division du général Augereau l'entourait par la partie de la rive gauche. La colonne de Masséna marcha toute la journée jusqu'à deux milles de Mogara, sans pouvoir joindre l'arrière-garde de l'ennemi ; ce qui nous fit présumer qu'il avait passé le Tartaro. Effectivement, nous apprîmes qu'ayant trouvé le pont de Castellaro coupé et occupé, il s'était jeté sur celui de Villa-Impenta, au moment où le général Charton y arrivait avec un corps pour s'en emparer et le couper. Il s'engagea un combat très-vif, dans lequel le général Charton ayant été tué, ses troupes se replièrent sur Castellaro, et Wurmser continua sa marche sur Mantoue. Le général Augereau qui, pendant ce temps, avait sommé la garnison de Porto - Legnago de se rendre, la fit prisonnière de guerre, le 27, après quelques coups de canon. Nous trouvâmes dans cette place dix-sept cents hommes, 23 pièces de canon et leurs caissons, 3 drapeaux, et 5oo Français que le général Wurmser avait fait prisonniers au combat de Cerea, et qui furent délivrés par ce moyen.

« Le 28, la division de Masséna partit à la pointe du jour de Castellaro, et se porta sur Mantoue par la route de Due Castelli, afin d'obliger l'ennemi à rentrer dans la place, en s'emparant du faubourg St.-George. Le combat s'engagea à midi. Il fut encore engagé trop promptement. La cinquième demi-brigade se trompa de chemin, et n'arriva pas à temps. La nombreuse cavalerie ennemie étonna notre infanterie légère ; mais la brave trente-deuxième soutint le combat jusqu'à la nuit, et nous restâmes maîtres du champ de bataille, éloigné de deux milles du faubourg St.-George. Le général Sahuguet, après avoir investi la citadelle, se porta sur la Favorite : déjà il avait obtenu les plus grands succès ; il avait pris à l'ennemi trois pièces de canon ; mais il fut obligé de prendre une position en arrière et de les abandonner.

« Cependant les hulans, les hussards et les cuirassiers ennemis, fiers de ces petits succès, inondaient la campagne : le général Masséna leur fit tendre des embuscades qui obtinrent un succès d'autant plus heureux qu'elles mirent aux prises notre infanterie légère avec eux. Nous en tuâmes ou prîmes environ cent cinquante, et il y en eut au moins trois cents de blessés. Le général Kilmaine, à la tête du vingtième de dragons, a contenu l'ennemi, et par là, a rendu un grand service. Ces combats qui, dans la réalité, n'étaient que des échauffourées, donnèrent beaucoup de confiance à nos ennemis. Il fallait l'accroître par tous les moyens possibles ; car nous ne pouvions pas avoir de plus grand bonheur que de porter l'ennemi à engager une affaire sérieuse hors de ses remparts.

« Le général Masséna prit, la nuit du 28 au 29, une position en arrière ; le lendemain, à la pointe du jour, nous apprîmes que les ennemis avaient fait sortir presque toute leur garnison pour défendre la Favorite et Saint-George, et par là, se conserver les moyens d'avoir des fourrages pour nourrir leur nombreuse cavalerie. A deux heures après midi, le général Bon, commandant provisoirement la division d'Augereau, qui est malade, arriva de Governolo, longeant le Mincio, et attaqua l'ennemi, placé en avant de St.-George, sur notre gauche ; le général Lasalcette se porta pour couper la communication de la Favorite à la citadelle; le général Pigeon passant par Villa-Nova, alla pour tourner une plaine où la cavalerie ennemie pouvait manœuvrer, et pour couper les communications de la Favorite à St.-George. Lorsque ces différentes attaques furent commencées, le général Victor, avec la dix-huitième demi-brigade de bataille, en colonne serrée par bataillon et à hauteur de division, marcha droit à l'ennemi ; la trente-deuxième demi-brigade, soutenue par le général Kilmaine, à la tête de deux régiments de cavalerie, marcha par la droite pour acculer les ennemis et les pousser du côté où était le général Pigeon. Le combat s'engagea de tous côtés avec beaucoup de vivacité ; l'ennemi fut culbuté de poste en poste, et nous enlevâmes Saint-George. Nous avons fait dans cette bataille deux mille prisonniers, parmi lesquels un régiment entier de cuirassiers et une division de hulans. L'ennemi doit avoir au moins 2,500 hommes tués ou blessés : nous avons pris 25 pièces de canon avec leurs caissons tout attelés. Parmi nos blessés dans les journées du 28 et du 29, sont les officiers-généraux Victor, Bertin, Saint-Hilaire, Mayer, Murat, Lasne, Tailand, Leclerc et Suchet ; mais aucun d'eux ne l'est dangereusement.

« Ainsi, si la garnison de Mantoue a été renforcée à-peu-près de cinq mille hommes d'infanterie, la bataille de Saint-George doit à-peu-près les lui avoir fait perdre. Quant à la cavalerie, c'est un surcroît d'embarras et de consommation ; et l'on ne doute pas que Wurmser ne tente toute espèce de moyens pour sortir de Mantoue avec elle. Depuis le 16 de ce mois, nous sommes toujours nous battant, et toujours les mêmes hommes contre de nouvelles troupes. L'armée que nous venons presque de détruire, était encore très-formidable ; aussi il paraît qu'elle avait des projets hostiles : mais nous l'avons prévenue et surprise dans le temps où elle faisait son mouvement. »

Le bonheur qu'eut Wurmser d'échapper et de se jeter dans Mantoue, rendit encore pour quelque temps équivoque le sort de l'Italie, et força Bonaparte d'éprouver de nouvelles difficultés qui augmenteront sa gloire. On l'eut jugée arrivée au comble, s'il avait pris Wurmser avant sa fuite et son entrée dans Mantoue; et les Tableaux suivants vont prouver qu'elle pouvait s'accroître par les obstacles nouveaux que cet évènement fera naître et qu'il saura surmonter.

DÉLIVRANCE DE LA CORSE,
le 19 Vendémiaire An 5.

DÉLIVRANCE

DE LA CORSE.

LE 29 VENDÉMIAIRE AN V.

Bonaparte, en mettant garnison française à Livourne, eut pour but non seulement d'interdire ce port au commerce anglais ; mais de s'ouvrir un moyen de communication avec les habitans de l'île de Corse. Tous ceux qui, fidèles à la France, avaient cherché en Italie un asile contre la tyrannie des Anglais et des Paolistes, se réunirent bientôt à Livourne, et commencèrent par de fréquentes communications avec leurs concitoyens du Liamone, à organiser dans ce département les moyens de le délivrer de la domination britannique, sous laquelle l'avait mis Paoli, perdant en un jour le fruit d'une vie laborieuse, et qui n'avait pas toujours été sans gloire.

Malgré les appuis qu'il y avait ménagés aux Anglais, ce n'était cependant pas sans combat qu'ils s'y étaient établis : le général Lacombe-Saint-Michel, alors représentant du peuple, y avait déployé toute l'énergie républicaine et des talens militaires qui les avaient long-temps arrêtés devant des places, dont son courage et son habileté étaient la principale et presque la seule défense. Calvi ne s'était rendu qu'après être devenu un monceau de ruines ; Bastia avait opposé une longue et vigoureuse résistance. Ces efforts des bons citoyens ne les avaient pas tous fait disparaître ; et, après la soumission de l'île, les exactions des Anglais, leur avarice et l'insolente hauteur de leur domination, ne tardèrent pas de ramener aux Français beaucoup de ceux même d'entre les Corses qui s'étaient momentanément tournés du côté de leurs ennemis. A ce nombre de patriotes, la seule gloire dont venait de se couvrir le général Bonaparte, qui était né parmi eux à Ajaccio, ajouta bien vite la foule de ceux qui croyaient voir rejaillir sur eux une partie de cet éclat que répandait au loin la vaillance du vainqueur de l'Italie. Chacun de ses triomphes y affaiblissait le parti anglais, et l'on peut dire qu'il les battait en Corse toutes les fois qu'il battait les alliés sur le Continent.

Depuis plusieurs mois, les garnisons anglaises étaient réduites à n'oser sortir de leurs quartiers. Le vice-roi, dans une tournée de l'île, avait été arrêté et renvoyé, à condition de retirer ses troupes de l'intérieur, et l'on avait cessé d'y payer les contributions et d'y reconnaître l'autorité britannique. Les républicains qui y passaient successivement de Livourne, y portaient des secours et des instructions, et l'on n'attendait que le moment d'une explosion générale, que l'annonce faite par les Anglais de leur prochain embarquement put seule empêcher d'avoir lieu.

La correspondance suivante apprend comment la Corse rentra dans le sein de la république.

BONAPARTE, général en chef de l'armée d'Italie, au Directoire exécutif.

Modène, le 26 vendémiaire an 5.

« Vous trouverez ci-jointe, Citoyens Directeurs, la lettre que je viens de recevoir du général Gentili. Il paraît, d'après elle, que la Méditerranée va devenir libre. La Corse, restituée à la république, offrira des ressources à notre marine, et même un moyen de recrutement à notre infanterie légère. Le commissaire du gouvernement, Salicetti, part ce soir pour Livourne, pour se rendre en Corse.

» Le général Gentili va commander provisoirement les troupes. Je l'autorise à mettre en réquisition plusieurs colonnes mobiles, pour pouvoir donner force au commissaire du gouvernement et occuper les forteresses jusqu'à l'arrivée des troupes françaises. J'y envoie un officier d'artillerie et de génie pour y organiser la direction.

» L'expulsion des Anglais de la Méditerranée a une grande influence sur le succès de nos opérations militaires en Italie. »

GENTILI, général de division, commandant l'expédition, au général Bonaparte, commandant en chef l'armée d'Italie.

Livourne, le 24 vendémiaire an 5.

« CITOYEN GÉNÉRAL,

» Vive la république ! notre pays est rendu à la liberté !

» Le vice-roi ayant annoncé qu'il allait évacuer la Corse, la commune de Bastia a formé de suite un comité qui a fait mettre en liberté tous les prisonniers républicains, et a nommé une députation qui vient d'arriver avec celle de Casinca et d'autres cantons, pour renouveler, au nom de tous nos concitoyens, le serment de fidélité à la république.

» Je n'attendais pour mettre à la voile que le vent favorable, et je profiterai

du premier qu'il fera pour aller assurer à la république les places les plus inté-
ressantes de l'île.

» Bastia, ses forts, et Saint-Florent sont déjà gardés par leurs habitans,
conjointement aux Anglais, qui vont en partir dans trois jours.

» On me flatte que nous trouverons de l'artillerie et des magasins. Je m'em-
parerai du tout, et je vous rendrai des comptes détaillés. »

*Les Commissaires du Directoire exécutif, près l'armée d'Italie, au Directoire
exécutif.*

Au quartier-général à Modène, le 26 vendémiaire an 5.

« CITOYENS DIRECTEURS,

» Nous vous avons rendu compte il y a quelques jours, de l'arrivée en Corse
d'une partie des patriotes destinés à l'expédition que vous avez ordonnée, des
mouvemens que les républicains de l'intérieur faisaient, et du prochain départ
du général Gentili avec le restant des Corses réfugiés, qui s'étaient réunis à
Livourne.

» Nous nous empressons aujourd'hui de vous apprendre l'heureuse nouvelle
que les Anglais, dans l'impossibilité de tenir plus long-temps, ont évacué
l'île. La lettre du général Gentili, dont nous vous envoyons copie, vous fera
connaître que déjà des députés de la ville de Bastia sont arrivés à Livourne
pour prêter, entre les mains de vos commissaires, le serment de fidélité à la
république.

» Le général en chef va donner des ordres pour y faire passer des troupes, et
le citoyen Salicetti, l'un de nous, va s'y rendre pour faire procéder à la convo-
cation des assemblées primaires, et à l'acceptation de la constitution.

» Nous regardons l'évacuation de la Corse comme l'avant-coureur de la
délivrance de la Méditerranée; et cet évènement, auquel ont concouru le traité
avec l'Espagne, l'occupation de Livourne, la clôture des ports de Gênes aux
Anglais, et l'énergie des républicains qui se sont jetés dans l'île, va rendre
au commerce de Marseille son premier éclat, et la prospérité au Midi de
la république.

» Que ceux des habitans de Corse qui ont eu le malheur de se laisser
séduire par les Anglais, servent d'exemple aux hommes qui seraient encore
tentés de se fier à la parole de ces insulaires ! »

Le général divisionnaire Gentili , aux citoyens Salicetti et Garrau ,
commissaires du Gouvernement français près l'armée d'Italie.

Livourne , le 24 vendémiaire an 5.

« CITOYENS COMMISSAIRES,

» Le projet décidé depuis long-temps par nos compatriotes , de délivrer la
Corse de la tyrannie anglaise ; les mouvemens de l'intérieur , préparés par les
républicains ; les dispositions qui avaient été prises ici par les patriotes pour
les soutenir ; le débarquement déjà effectué dans l'île , d'un grand nombre de
nos concitoyens , et le prochain départ de ce qui en restait ici , ont porté la
frayeur dans le cœur des Anglais. Ils ont senti qu'ils ne pourraient se conserver
long-temps dans un pays conquis par la trahison. Elliot vient d'évacuer l'île
de Corse , et de faire embarquer toutes les troupes anglaises.

» Au moment où nous allions mettre à la voile , une nombreuse députation
des communes de Bastia et autres vient d'arriver , et de nous donner cette
heureuse nouvelle. Nous nous empressons de vous la transmettre.

» La ville de Bastia , fidèle à ses vœux , à son attachement à la France , a
formé un comité provisoire , qui a nommé une députation pour venir offrir le
serment de fidélité à la république française. Des députés d'autres communes
de l'intérieur se sont joints à cette députation. Bastia et ses forts , ainsi que
la place de Saint-Florent , sont gardés par les citoyens. On nous assure que ,
dans trois jours , il n'y aura plus un Anglais dans le pays. Hâtez-vous de nous
donner des ordres pour aller l'occuper et le rendre à la mère-patrie. Ignorant
où vous vous trouvez , nous avons engagé la députation à attendre ici votre
détermination. »

Le Commissaire du Directoire exécutif , près les armées d'Italie et des Alpes ,
au Directoire exécutif.

Livourne , le   brumaire an 5.

« CITOYENS DIRECTEURS ,

» Aussitôt qu'on eut connaissance des dispositions que faisaient les Anglais
pour évacuer la Corse, le général Gentili prit le parti d'y faire passer le général
de brigade Casatta avec la vingt-huitième division de la gendarmerie nationale.
Il partit le 26 vendémiaire par un gros temps ; et , malgré la croisière très-serrée
que les Anglais tenaient près de Livourne et sur les parages de la Corse ,
il parvint à se jeter dans l'île le 27.

» Le lendemain , il fut joint par un nombre assez considérable de patriotes du pays , et , avec cette force , il se porta rapidement sur Bastia , où il arriva le 29 au matin.

» Maître des hauteurs, et fortement appuyé par les citoyens de la ville , il somma les Anglais, qui tenaient encore le fort, de se rendre dans le délai d'une heure. Ils étaient au nombre de trois mille ; ils avaient sur la rade quelques vaisseaux qui menaçaient de foudroyer la ville : mais la peur de voir couper le passage qui les conduisait à la mer , précipita leur fuite ; ils se jetaient en désordre sur leurs vaisseaux , lorsque le général Casatta fondit sur eux avec les forces qu'il avait réunies ; il parvint à leur faire huit à neuf cents prisonniers , parmi lesquels presque tout le régiment de Dillon , composé d'émigrés. Il leur a pris une très-grande partie de leurs magasins , qu'ils n'ont pas eu le temps d'embarquer.

» Maître de Bastia , il a marché , le jour d'après , avec deux pièces de canon, sur Saint-Florent , que les Anglais occupaient encore. Il a trouvé les gorges de San-Germano gardées par l'ennemi , qui , après une résistance assez vive , a été forcé ; et , malgré le feu de deux vaisseaux embossés donnant sur le chemin qui conduit à la ville , les républicains sont parvenus à s'en emparer : ils y ont fait prisonnière une partie de la garnison , et pris quelques mortiers et des pièces de canon que l'ennemi n'a pas pu enclouer.

» L'escadre qui se trouve encore dans la baie de Saint-Florent , s'est retirée hors de la portée du canon, et le vice-roi avec les troupes qu'il a sauvées de Bastia , s'est réfugié à Porto-Ferraio.

» La garnison de Boniface a été faite prisonnière par les républicains.

» Je sais que le chef de bataillon Bonelli , avec un grand nombre de patriotes, a marché sur Ajaccio ; mais je n'ai pas encore reçu le rapport des événemens qui ont pu avoir lieu dans cette partie.

» Le général Gentili , avec tous les réfugiés Corses qui restaient encore sur le continent , a mis à la voile hier au soir; et quoique les Anglais aient beaucoup de bâtimens en croisière pour nous empêcher de passer , j'espère qu'il parviendra heureusement à sa destination.

» Dans trois jours, je compte partir pour me rendre à Bastia : dès mon arrivée, j'aurai soin de vous rendre compte plus en détail de la situation du pays , ainsi que des mesures que je serai dans le cas de prendre pour le maintien de l'ordre.

» Il est certain que les Anglais manquent de vivres , que leurs vaisseaux sont mal équipés , et que toute leur armée se trouve dans le dénuement le plus complet.

» Je viens d'apprendre à l'instant qu'une frégate anglaise qui croisait sur les côtes de la Corse, a échoué au Cap-Corse. Je n'ai pas encore de détails pour pouvoir vous instruire si l'équipage est tombé au pouvoir des républicains. »

Trois semaines s'étaient à peine écoulées , lorsque les Anglais se virent totalement chassés de la Corse , et forcés d'abandonner le golfe de Saint-Florent , station d'où ils avaient fait beaucoup de mal à la France. Ils ne purent même sauver quelques bâtimens de guerre qu'on brûla dans le port d'Ajaccio. Un ministre de la république s'y transporta ensuite pour y organiser le gouvernement constitutionnel.

C'est à cette époque de l'évacuation de la Corse , que le roi de Naples , entraîné par les Anglais dans une coalition qui ne pouvait jamais lui être utile , et qui l'a exposé aux plus grands dangers, se hâta de signer avec la république française son traité de paix, dont la rupture entraîna par la suite, l'envahissement de ses États , et faillit abolir pour jamais l'autorité royale dans les Deux-Siciles.

BATAILLE D'ARCOLE,
les 25, 26 et 27 Brumaire An 5.

BATAILLE

D' A R C O L E.

Les Autrichiens profitaient de la résistance qu'opposait Mantoue, et de l'obligation où les Français se trouvaient de tenir la majeure partie de leurs forces devant cette place, pour refaire une nouvelle armée et renforcer les débris de celle de Wurmser, cantonnés au-delà de Lavisio et de la Piave. Venise leur donnait sur son territoire toutes les facilités qui pouvaient ne pas paraître une protection éclatante et decidée, et suffire cependant à leurs besoins. L'infériorité des Français ne tarda pas de les forcer à se concentrer, et à abandonner Trente, Roveredo, Bassano, Vicence, et à se reporter sur l'Adige. Jamais la brave armée d'Italie ne s'était trouvée dans une position aussi critique : l'ennemi avait fait les plus grands efforts ; il avait enlevé de l'intérieur de ses États tout ce qui lui restait de forces disponibles ; il les avait fait passer en poste, et il était parvenu à se former, comme nous l'avons dit, une armée nouvelle, plus considérable que les deux premières, déjà exterminées, avant que les secours envoyés de l'intérieur de la France au général en chef Bonaparte, eussent pu joindre l'armée d'Italie. Il ne fallait pas moins que le génie de cet intrépide guerrier, les talens des officiers-généraux et particuliers qui l'ont secondé au prix de leur sang, le dévouement et la constance de tous nos braves frères d'armes, pour avoir triomphé de tant d'obstacles préparés par le désespoir des ennemis. Arcole vit se renouveler les prodiges de Lodi, et les surpassa peut-être. Voici le compte que Bonaparte rendit au Directoire, de cette mémorable affaire.

Au quartier-général de Véronne, le 29 brumaire an 5.

« Je suis si harassé de fatigue, citoyens Directeurs, qu'il ne m'est pas possible de vous faire connaître tous les mouvemens militaires qui ont précédé la bataille d'Arcole, qui vient de décider du sort de l'Italie.

» Informé que le feld-maréchal Alvinzi, commandant l'armée de l'Empereur, s'approchait de Véronne, afin d'opérer sa jonction avec les divisions de son

12

armée qui sont dans le Tyrol , je filai le long de l'Adige avec les divisions d'Augereau et de Masséna ; je fis jeter , pendant la nuit du 24 au 25 , un pont de bateaux à Ronco , où nous passâmes cette rivière. J'espérais arriver dans la matinée à Villa-Nova , et par-là enlever les parcs d'artillerie de l'ennemi , ses bagages , et attaquer l'armée ennemie par le flanc et ses derrières. Le quartier général du général Alvinzi était à Caldevo. Cependant l'ennemi , qui avait eu avis de quelques mouvemens , avait envoyé un régiment de croates et quelques régimens hongrois dans le village d'Arcole , extrêmement fort par sa position au milieu des marais et des canaux.

» Ce village arrêta l'avant-garde de l'armée pendant toute la journée. Ce fut en vain que tous les généraux , sentant l'importance du temps , se précipitèrent à la tête , pour obliger nos colonnes à passer le petit pont d'Arcole : trop de courage nuisit , ils furent presque tous blessés ; les généraux Verdier , Bon , Verne , Lasnes furent mis hors de combat. Augereau , empoignant un drapeau , le porta jusqu'à l'extrémité du pont ; il resta là plusieurs minutes sans produire aucun effet. Cependant il fallait passer ce pont , ou faire un détour de plusieurs lieues , qui nous aurait fait manquer toute notre opération. Je m'y portai moi-même : je demandai aux soldats s'ils étaient encore les vainqueurs de Lodi. Ma présence produisit sur les troupes un mouvement qui me décida encore à tenter le passage (1). Le général Lasnes , blessé déjà de deux coups de feu , retourna , et reçut une troisième blessure plus dangereuse : le général Vignole fut également blessé. Il fallut renoncer à forcer le village de front , et attendre qu'une colonne , commandée par le général Guieux , que j'avais envoyé par Albaredo , fût arrivée : il n'arriva qu'à la nuit , il s'empara du village , prit quatre pièces de canon , et fit quelques centaines de prisonniers. Pendant ce temps-là , le général Masséna attaquait une division que l'ennemi faisait filer de son quartier-général sur notre gauche ; il la culbuta , et la mit dans une déroute complète.

» On avait jugé , pendant la nuit , d'évacuer le village d'Arcole , et nous nous attendions , à la pointe du jour , d'être attaqués par toute l'armée ennemie ,

---

(1) Le général Berthier rapporte ainsi le fait : « En vain le général Augereau , un drapeau à la main , s'était avancé à la tête de la colonne pour forcer Arcole........ Le général en chef se porta avec tout son état-major , à la tête de la division d'Augereau ; il rappela à nos frères d'armes , qu'ils étaient les mêmes qui avaient forcé le pont de Lodi. Il crut s'apercevoir d'un mouvement d'enthousiasme , et voulut en profiter. Il se jeta en bas de son cheval , saisit un drapeau , s'élance à la tête des grenadiers , et court sur le pont , en criant : *Suivez votre Général.* La colonne s'ébranle un instant , et l'on était à trente pas du pont , lorsque le feu terrible de l'ennemi frappa la colonne , la fit reculer au moment même où l'ennemi allait prendre la fuite. C'est dans cet instant que les généraux Vignoles et Lasnes sont blessés , et que l'aide-de-camp du général en chef , Muiron , fut tué. Le général en chef et son état-major sont culbutés ; le général en chef lui-même est renversé avec son cheval dans un marais , d'où , sous le feu de l'ennemi , il est retiré avec peine ; il remonte à cheval , la colonne se rallie , et l'ennemi n'ose sortir de ses retranchemens. » — Le Corps législatif décréta que les drapeaux tricolors portés à la bataille d'Arcole contre les bataillons ennemis , par les généraux Bonaparte et Augereau , leur étaient donnés , à titre de récompense , par la nation. »

qui se trouvait avoir eu le temps de faire filer ses bagages, ses parcs d'artillerie, et de se porter en arrière pour nous recevoir.

» A la pointe du jour, le combat s'engagea de partout avec la plus grande vivacité. Masséna, qui était sur la gauche, mit en déroute l'ennemi, et le poursuivit jusqu'aux portes de Caldero. Le général Robert, qui était sur la chaussée du centre avec la 75ᵐᵉ, culbuta l'ennemi à la bayonnette, et couvrit le champ de bataille de cadavres. J'ordonnai à l'adjudant-général Vial de longer l'Adige avec une demi-brigade, pour tourner toute la gauche de l'ennemi. Mais le pays offrait des obstacles invincibles. C'est en vain que ce brave adjudant-général se précipita dans l'eau jusqu'au cou; il ne put faire une diversion conséquente. Je fis, pendant la nuit du 26 au 27, jeter des ponts sur les canaux et les marais : le général Augereau y passa avec sa division. A dix heures du matin nous fûmes en présence : le général Masséna à la gauche, le général Robert au centre, le général Augereau à la droite. L'ennemi attaqua vigoureusement le centre qu'il fit plier. Je retirai alors la 32ᵐᵉ de la gauche, je la plaçai en embuscade dans des bois; et à l'instant où l'ennemi, poussant le centre, était sur le point de tourner notre droite, le général Gardanne, à la tête de la 32ᵐᵉ, sortit de son embuscade, prit l'ennemi en flanc, et en fit un carnage horrible. La gauche de l'ennemi était appuyée à des marais, et par la supériorité du nombre en imposait à notre droite. J'ordonnai au citoyen Hercule, officier de mes guides, de choisir 25 hommes de sa compagnie, de longer l'Adige une demi-lieue; de tourner tous les marais qui appuyaient la gauche des ennemis, et de tomber ensuite au grand galop sur le dos de l'ennemi, en faisant sonner plusieurs trompettes. Cette manœuvre réussit parfaitement; l'infanterie ennemie se trouva ébranlée : le général Augereau sut profiter du moment. Cependant elle résiste encore, quoique battant en retraite, lorsqu'une petite colonne de huit à neuf cents hommes, avec quatre pièces de canon, que j'avais fait filer par Porto-Legnago, pour prendre une position en arrière de l'ennemi, et lui tomber sur le dos pendant le combat, acheva de le mettre en déroute. Le général Masséna, qui s'était reporté au centre, marcha droit au village d'Arcole, dont il s'empara, et poursuivit l'ennemi jusqu'auprès du village de Saint-Bonifacio; mais la nuit nous empêcha d'aller plus avant.

» Le fruit de la bataille d'Arcole est quatre à cinq mille prisonniers, quatre drapeaux, dix-huit pièces de canon. L'ennemi a perdu au moins quatre mille morts, et autant de blessés. Outre les généraux que j'ai nommés, les généraux Robert et Gardanne ont été blessés. L'adjudant-général Vaudelin a été tué. J'ai eu deux de mes aides-de-camp tués, les citoyens Elliot et Muiron, officiers de la plus grande distinction : jeunes encore, ils promettaient d'arriver un jour avec gloire aux premiers postes militaires. Notre perte, quoique peu considérable, a été très-sensible, en ce que c'est presque tous officiers de distinction (1).

---

(1) C'est après cette sanglante journée d'Arcole, que Bonaparte écrivit, de Vérone, les lettres suivantes :

Au général Clarcke. – Votre neveu Elliot a été tué sur le champ de bataille d'Arcole. Ce jeune homme

» Cependant le général Vaubois a été attaqué et forcé à Rivoli, position importante qui mettait à découvert le blocus de Mantoue. Nous partîmes, à la pointe du jour, d'Arcole. J'envoyai la cavalerie sur Vicence, à la poursuite des ennemis, et je me rendis à Véronne, où j'avais laissé le général Kilmaine avec trois mille hommes.

» Dans ce moment-ci j'ai rallié la division de Vaubois, je l'ai renforcée, et elle est à Castel-Novo. Augereau est à Véronne, Masséna sur Villa-Nova. Demain j'attaque la division qui a battu Vaubois. Je la poursuis jusques dans le Tyrol, et j'attendrai alors la reddition de Mantouc, qui ne doit pas tarder quinze jours. L'artillerie s'est comblée de gloire.

» Les généraux et officiers de l'état-major ont montré une activité et une bravoure sans exemple. Douze ou quinze ont été tués; c'était vraiment un combat à mort; pas un d'eux qui n'ait ses habits criblés de balles..... »

Quelque considérable que fût la perte faite par Alvinzi, son armée était loin d'être détruite: repoussée dans les montagnes, il devenait difficile de l'y forcer, et Bonaparte ne pouvait guère oublier que derrière lui Mantoue tenait encore, et que Wurmser y avait une forte garnison. Le point important était de contenir Alvinzi, de lui fermer la vallée de l'Adige, ainsi que toutes les voies qui pouvaient l'approcher de Mantoue. Il fut donc suivi dans sa retraite.

« Je vous ai instruit, écrivait Bonaparte au directoire, le 4 frimaire, que le général Vaubois avait été obligé d'abandonner la position de Rivoli, et que l'ennemi était déjà arrivé à Castel-Novo. Je profitai de la déroute de l'ennemi à Arcole, pour faire repasser sur le champ l'Adige à la division du général Masséna, qui opéra sa jonction à Villa-Franca avec celle du général Vaubois; et réunies, elles marchèrent à Castel-Novo le premier frimaire, tandis que la division du général Augereau se portait sur les hauteurs de Ste-Anne,

---

s'était familiarisé avec les armes : il a plusieurs fois marché à la tête des colonnes ; il aurait été un jour un officier estimable. Il est mort avec gloire et en face de l'ennemi ; il n'a pas souffert un instant. Quel est l'homme raisonnable qui n'envierait pas une telle mort? Quel est celui qui, dans les vicissitudes de la vie, ne s'abonnerait pas pour sortir de cette manière d'un monde si souvent méprisable? Quel est celui d'entre nous qui n'a pas regretté cent fois de ne pas être ainsi soustrait aux effets puissans de la calomnie, de l'envie et de toutes les passions haineuses qui semblent presqu'exclusivement diriger la conduite des hommes? » — On sent par la teneur de ce billet, que la gloire avait éveillé l'envie, et que l'envie ne l'avait pas laissé sans quelques atteintes.

A la citoyenne Muiron. « Muiron est mort à mes côtés sur le champ de bataille d'Arcole. Vous avez perdu un mari qui vous était cher ; j'ai perdu un ami auquel j'étais depuis long-temps attaché : mais la patrie perd plus que nous deux, en perdant un officier distingué autant par ses talens que par son rare courage. Si je vous puis être bon à quelque chose, à vous ou à son enfant, je vous prie de compter entièrement sur moi. » — Effectivement il écrivit à ce sujet au Directoire exécutif ; et l'on aime à trouver dans le vainqueur d'Arcole, l'intérêt qu'il met à faire valoir les services d'un ami. La jeune veuve et l'enfant de Muiron, qu'elle portait dans son sein, ne profitèrent point des faveurs que cet intérêt pouvait leur procurer : dans peu de mois, l'un et l'autre suivirent leur père et leur époux; car les champs de bataille n'ont pas seuls le funeste privilège d'ouvrir les tombeaux qui nous attendent.

afin de couper la vallée de l'Adige à Dolce, et par ce moyen ôter la retraite
à l'ennemi.

» Le général Joubert, commandant l'avant-garde des divisions Masséna et
Vaubois réunies, atteignit l'ennemi sur les hauteurs de Campara : après un
combat assez léger, nous parvînmes à entourer un corps de l'arrière-garde
ennemie, et à lui faire 1,200 prisonniers, parmi lesquels le colonel du régiment de Berbach. Un corps de trois à quatre cents hommes ennemis, voulant
se sauver, se noya dans l'Adige.

» Nous ne nous contentâmes pas d'avoir repris la position de Rivoli et la
Corona, nous poursuivîmes l'ennemi jusqu'à Preabocco. Augereau, pendant
ce temps-là avait rencontré un corps ennemi sur les hauteurs de Ste-Anne,
et l'avait dispersé, lui avait fait 300 prisonniers, était arrivé à Dolce, avait
brûlé deux équipages de pontons sur la Queta, et enlevé quelques bagages.

» Le général Wurmser a fait une sortie de Mantoue hier 3, à sept heures
du matin : la canonnade a duré toute la journée. Le général Kilmaine l'a fait
rentrer, comme à l'ordinaire, plus vite qu'il n'était sorti, et lui a fait 200
prisonniers, pris un obusier et deux pièces de canon. Wurmser était en personne à cette sortie. Voilà la troisième fois, m'écrit le général Kilmaine,
que Wurmser tente de faire des sorties, toutes les fois avec aussi peu de
succès. Wurmser n'est heureux que dans les journaux que les ennemis de la
république soldent à Paris. »

Ainsi toujours fidèle à sa cause sainte, la victoire n'a point trahi les républicains qui combattaient pour la liberté....... La gratitude de la patrie et
l'admiration de l'Europe sont la récompense des héros qui ont soutenu avec
tant de dignité l'impérissable gloire de la république française.

BATAILLE DE RIVOLI
les 25 et 26 Nivose An 5

BATAILLE

DE RIVOLI.

LES 25 ET 26 NIVÔSE AN V.

Le long repos dont le général Alvinzi avait joui après ses défaites, lui avait donné le temps de rétablir ses forces et de recréer une nouvelle armée. Le plan du cabinet de Vienne était toujours le même : il consistait à forcer la ligne de défense de Bonaparte, à pénétrer par quelque point, à se jeter vers Mantoue, à débloquer cette ville, à porter du secours à Wurmser, à changer le théâtre de la guerre, et à rendre inutiles par ce moyen les avantages précédens du général français. Le gain d'une bataille ne décide pas toujours du sort d'une campagne ; mais dans les circonstances où se trouvait Bonaparte, la perte d'une seule bataille pouvait lui enlever tous les succès qui avaient déjà coûté quatre armées à l'Empereur. Il trouvait dans les efforts de l'Autriche l'hydre de Lerne dont les têtes renaissaient à mesure qu'elles étaient coupées ; mais Bonaparte était un autre Hercule. Le moment qui devait enfin décider cette lutte opiniâtre et sanglante, approchait ; et il fallut s'occuper de le rendre décisif.

Une armée de près de cinquante mille hommes, une artillerie formidable ne laissaient aux ennemis aucun doute sur la défaite totale des Français et sur la délivrance de Mantoue. Les correspondances surprises annonçaient les intentions de l'Empereur pour que Wurmser, dans le cas où il ne pourrait pas être secouru à temps, cherchât à s'évader avec sa garnison, en se jetant soit dans le Ferrarais, soit dans les Etats du Pape. Bonaparte fit ses dispositions en conséquence : il laissa dans les quatre provinces cispadanes les forces nécessaires : il fit passer sur l'Adige, par une marche forcée, deux mille hommes qui l'avaient suivi à Bologne, pour renforcer la division du général Augereau, et s'opposer à toutes les entreprises de l'ennemi sur le Bas-Adige : il partit ensuite pour le blocus de Mantoue, d'où, après avoir donné tous les ordres nécessaires, il se rendit à Véronne, où il arriva le 23 nivôse au matin.

Ce même jour, le général Masséna battit l'ennemi au village de Saint-Michel, en avant de Véronne, et lui fit 700 prisonniers. Pendant ce temps, le général Joubert remportait d'autres avantages à la Corona, où il avait été attaqué.

13

L'ennemi, désespérant de nous forcer sur ce point, fit, durant la nuit, filer une forte colonne par le lac de Garda, et, tournant le Montebaldo presque par son sommet, il allait tomber sur les derrières de l'avant-garde, si le général Vial, qui la commandait, et qui avait établi sur sa gauche une grande chaîne de postes, n'eût été prévenu à temps. Il se vit forcé à se replier de suite sur la Corona, d'où il descendit sur les hauteurs de la Chapelle San-Marco, pour suivre le mouvement du reste de la division que la nature du terrain forçait à se replier aussi. Le soir il reçut l'ordre d'abandonner San-Marco, pour venir se joindre aux autres troupes qui avaient pris position sur quelques petites hauteurs, à la gauche du village de Rivoli. Mais le général en chef, qui arriva dans la nuit avec la division de Masséna, fit sur-le-champ reprendre la position de San-Marco, qui couvrait le plateau de Rivoli ; et l'armée se mit en bataille sur le rideau qui fait face aux hauteurs du village de Saint-Martin.

L'ennemi venait à nous sur trois colonnes : celle de gauche descendait de la Corona, et, suivant les crêtes, se dirigeait sur San-Marco ; celle du centre, s'emparait de la position de Saint-Martin; et la troisième marchait contre notre aile gauche. Une quatrième colonne était destinée à longer le lac, tourner toutes nos positions et nous couper la retraite. Une cinquième enfin, marchait par la rive droite de l'Adige, entre cette rivière et l'escarpement formé par le revers de la chaîne de montagnes, qui, de la Corona, conduit à San-Marco.

A la pointe du jour, l'infanterie légère rencontra l'ennemi en avant de San-Marco ; on combattit avec acharnement. L'ennemi porta sur ce point des forces considérables. Plusieurs pièces d'artillerie, placées à Saint-Martin, gênaient beaucoup nos troupes qui s'avançaient sur le flanc de la montagne ; ce qui engagea le général Vial à s'attacher plus particulièrement aux crêtes, se réservant de tomber sur le flanc de l'ennemi, s'il s'avisait de vouloir percer par le bas qu'il faisait dégarnir, autant pour faire un effort sur les hauteurs, que pour ne pas exposer trop de monde au feu de cette artillerie. Effectivement, un gros corps de troupes ne tarda pas de s'avancer sur ce point, protégé par le canon, et couvert par les bois. Il fut reçu par le général Joubert, à la tête de la trente-troisième demi-brigade de ligne, bientôt pris en flanc par les troupes du général Vial et obligé de rétrograder, après avoir essuyé une perte considérable.

Dans ce même moment, l'aile gauche de l'armée était vivement attaquée, et forcée de plier. L'ennemi se porta sur le centre, où il fut reçu avec vigueur par la quatorzième de ligne, qui le contint quelque temps, et sauva son artillerie, qu'il était sur le point de lui enlever. Par suite de ce mouvement, l'infanterie légère, se trouvant compromise sur les hauteurs de San-Marco, reçut l'ordre d'en descendre. Cet ordre s'exécutait quand la colonne ennemie, qui était sur les bords de l'Adige, fit un effort et se jeta dans nos batteries. Le général en chef ordonne aussitôt au général Leclerc de faire charger la cavalerie par la route qui descend sur l'Adige, dans un défilé étroit ; et, pro-

fitant de l'avantage du terrain , ce général arrête avec très-peu de monde ,
une masse énorme de troupes de toutes armes.

Cependant notre gauche avait non seulement repris toutes ses positions,
mais gagné encore du terrain , lorsque les localités obligèrent notre droite à
prendre une position en arrière sur Rivoli ; ce qui se fit avec quelque désordre , par le tiraillement d'un certain nombre d'Autrichiens qui avaient
gagné les hauteurs qui dominent le plateau. L'ennemi chercha à en profiter ;
mais il n'observa pas qu'en s'abandonnant par sa gauche , il se faisait couper par
les succès qu'obtenait la nôtre , si la sienne essuyait le moindre échec.

Effectivement , l'ennemi s'était répandu en descendant des rochers sur la
petite plaine de l'autre côté du ravin que domine le plateau de Rivoli , et sur
ce plateau même , la clef de notre position, où il avait déjà 5oo hommes. Le
général en chef, qui avait l'œil partout , et qui avait jugé utile d'employer un
corps de cavalerie, envoya le chef d'escadron Lasalle , avec un détachement
de cette arme. Le général de division Joubert , qui avait eu son cheval blessé,
et qui donnait l'exemple aux grenadiers , en ralliant ses troupes , se jeta , un
fusil à la main , sur le petit plateau de Rivoli , qu'il réattaqua avec fureur ,
tandis que le général Berthier dirigeait le petit corps de cavalerie dans la plaine
que commande ce plateau de l'autre côté du ravin. La charge de la cavalerie
obtint les plus brillans succès. L'infanterie du centre suivit ses avantages.
Joubert reprend le plateau de Rivoli , culbute l'ennemi dans le bas de l'Adige,
et lui enlève plusieurs pièces de canon. Dans le même moment , Masséna ,
profitant du mouvement rétrograde que fait l'ennemi , qu'il se trouvait avoir
dépassé, et de tous les avantages que lui donnait sa position, fait 1,800 prisonniers. Le général en chef , après avoir ordonné toutes les dispositions qui
assuraient la victoire sur sa ligne de bataille, fut instruit que l'ennemi, qui ne
doutait pas de nous battre, avait fait marcher un corps de 4,000 hommes , qui
se trouvaient en bataille derrière Rivoli, et couronnaient toutes les crêtes entre
l'Adige et le lac de Garda ; de manière que nous étions entièrement tournés par
ce corps , et que toutes communications étaient coupées avec Véronne et
Peschiera. Il avait disposé deux bataillons de la soixante-quinzième demi-
brigade , pour faire face à la colonne ennemie. La dix-huitième , qui avait dû
se rapprocher de la gauche , arriva, et fut disposée à la gauche de la soixante-
quinzième. On s'observait de part et d'autre. Les Autrichiens criaient à nos
gens : *Nous les tenons* ; et ils se partageaient déjà nos dépouilles. On était
assez près pour s'entendre. Un feu de file part de toute leur ligne : c'était un
signal. Aussitôt les troupes autrichiennes sortant par le bas de l'Adige , se
portent avec fureur pour emporter le retranchement de Rivoli. Ils attaquent
à trois reprises différentes ; ils ne trouvent que la mort, ou fuient épouvantés.
Pendant ce temps , Bonaparte avait fait établir quatre pièces d'artillerie légère , qui canonnaient la droite de la ligne du corps ennemi, qui nous avait
tournés. La dix-huitième et quelques troupes de la soixante-quinzième demi-
brigade , commandées par les généraux Brune et Monnier , reçoivent l'ordre

de se porter sur trois colonnes pour attaquer l'aile droite , qui occupait une hauteur avantageuse : elles partent l'arme au bras , et en chantant l'hymne du *Chant du départ* ; elles fondent sur l'ennemi par plusieurs points ; l'attaque et la déroute se firent dans le même instant. Toute cette ligne fut en désordre ; nos éclaireurs la poursuivent : une centaine de nos tirailleurs arrivent en même temps qu'elle sur le lac de Garda , lui font mettre bas les armes , et ramènent près de 3,000 prisonniers. Le général Rey , qui , par les longueurs de sa route , ne put arriver que tard , se trouva arrêté par ce corps ennemi , qui avait , de son côté , des avant-postes avec lesquels ses troupes s'engagèrent ; il ne put prendre une part décisive à l'action , parce qu'il était trop éloigné.

Bonaparte s'étant rendu à Rivoli , donna des ordres au général Joubert pour attaquer l'ennemi le lendemain 26 , s'il tenait encore la Corona. Cette attaque eut tout le succès qu'on pouvait en attendre. L'ennemi , sur la fin du 24 , avait maintenu un poste à San-Marco. Le général Joubert donna l'ordre au général Vial de le reprendre pendant la nuit du 25 au 26 ; ce qui engagea encore l'affaire deux heures avant le jour. La division du centre , commandée par le général Baraguey-d'Hilliers , se porta à St.-Martin , d'où elle chassa l'ennemi , et lui prit ses canons. La colonne de droite , commandée par le général Vial , disputa les crêtes presque toute la journée avec l'ennemi ; mais le général Joubert , qui avait dirigé une colonne , commandée par le général Vaux , pour tourner l'ennemi et le prévenir sur la Corona , en suivant le revers de Montebaldo , y arriva avant lui. Alors , voyant sa retraite coupée , il se mit en déroute : il fut entouré , et six mille hommes mirent bas les armes. Tout ce qui était sur le bord de l'Adige se retira en désordre vers le Tyrol.

Dans ces deux journées nous fîmes treize mille prisonniers ; nous prîmes neuf pièces de canon , plusieurs drapeaux ; et le général Alvinzi , presque seul , eut beaucoup de peine à se sauver. Mais le résultat des dispositions du général Bonaparte était encore incomplet ; et nous allons voir , dans le tableau suivant , comment , en quelques jours , il parvint à détruire entièrement la cinquième armée de l'Empereur.

BATAILLE DE LA FAVORITE, LE 25 NIVOSE AN 5.

BATAILLE

DE LA FAVORITE.

LE 27 NIVÔSE AN V.

Bonaparte semblait avoir enchaîné la victoire aux enseignes tricolores : annoncer de nouveaux combats en Italie, c'était annoncer de nouveaux triomphes. Écoutons-le lui-même rendre compte des suites de la bataille de Rivoli et des actions qui précédèrent la bataille de la Favorite.

Véronne, le 29 nivôse an 5.

« M. le général Provera, à la tête de six mille hommes, arriva le 26, à midi, au faubourg de St.-George ; il l'attaqua pendant toute la journée, mais inutilement : le général de brigade Miolis défendait ce faubourg ; le chef de bataillon du génie, Samson, l'avait fait retrancher avec soin. Le général Miolis, aussi actif qu'intrépide, loin d'être intimidé des menaces de l'ennemi, lui répondit avec du canon, et gagna ainsi la nuit du 26 au 27, pendant laquelle j'ordonnai au général Serrurier d'occuper la Favorite avec la cinquante-septième et la dix-huitième demi-brigades de ligne et toutes les forces disponibles que l'on put tirer des divisions du blocus. Mais avant de vous rendre compte de la bataille de la Favorite, qui a eu lieu le 27, je dois vous parler des deux combats d'Anguiari.

» La division du général Provera, forte de six mille hommes, avait forcé le passage d'Anguiari ; le général de division Guieux avait aussitôt réuni toutes les forces qu'il avait trouvées, et avait marché à l'ennemi : n'ayant que 1,500 hommes, il ne put pas parvenir à faire repasser la rivière à l'ennemi ; mais il l'arrêta une partie de la journée, et lui fit 300 prisonniers.

» Le général Provera ne perdit pas un instant ; il fila sur-le-champ sur Castellara. Le général Augereau tomba sur l'arrière-garde de sa division, et, après un combat assez vif, enleva toute l'arrière-garde de l'ennemi, lui prit seize pièces de canon, et lui fit deux mille prisonniers. L'adjudant-général Duphot s'y est particulièrement distingué par son courage. Les neuvième et dix-huitième régimens de dragons, et le vingt-cinquième régi-

14

ment de chasseurs, s'y sont particulièrement distingués. Le commandant des hussards se présente devant un escadron du neuvième régiment de dragons ; et, par une de ces fanfaronades communes aux Autrichiens, *Rendez-vous*, crie-t-il au régiment. Le citoyen Duvivier fait arrêter son escadron : *Si tu es brave, viens me prendre*, crie-t-il au commandant ennemi. Les deux corps s'arrêtent, et les deux chefs donnèrent un exemple de ces combats que nous décrit avec tant d'agrément Le Tasse. Le commandant des hulans fut blessé de deux coups de sabre : les troupes alors se chargèrent, et les hulans furent faits prisonniers.

» Le général Provera fila toute la nuit, arriva, comme j'ai eu l'honneur de vous le dire, à St.-George, et l'attaqua le 26. N'ayant pas pu y entrer, il projeta de forcer la Favorite, de percer les lignes du blocus, et, secondé par une sortie que devait faire Wurmser, se jeter dans Mantoue.

» Le 27, une heure avant le jour, les ennemis attaquèrent la Favorite, dans le temps que Wurmser fit une sortie, et attaqua les lignes du blocus par Saint-Antoine. Le général Victor, à la tête de la cinquante-septième demi-brigade, culbuta tout ce qui se trouva devant lui : Wurmser fut obligé de rentrer dans Mantoue, presque aussitôt qu'il en était sorti, et laissa le champ de bataille couvert de morts et de prisonniers. Le général Serrurier fit avancer alors le général Victor avec la cinquante-septième demi-brigade, afin d'acculer Provera au faubourg Saint-George, et par-là le tenir bloqué. Effectivement, la confusion et le désordre étaient dans les rangs ennemis ; cavalerie, infanterie, artillerie, tout était pêle-mêle. La terrible cinquante-septième demi-brigade n'était arrêtée par rien : d'un côté, elle prenait trois pièces de canon ; d'un autre, elle mettait à pied le régiment des hussards de Herdendy. Dans ce moment, le respectable général Provera demanda à capituler ; il compta sur notre générosité, et ne se trompa pas. Nous lui accordâmes la capitulation dont vous trouverez ci-joints les articles. (1) Six mille prisonniers, parmi lesquels tous les volontaires de Vienne, vingt pièces de canon, furent le fruit de cette journée mémorable.

» L'armée de la république a donc, en quatre jours, remporté deux batailles rangées et six combats, fait près de vingt-cinq mille prisonniers, parmi lesquels un lieutenant-général et deux généraux, douze à quinze co-

---

(1) *Capitulation faite par les troupes impériales, sous les murs de Saint-George, le 27 nivôse an 5.*

   « Art. 1er. Les honneurs de la guerre accordés, et toute la troupe prisonnière de guerre.

   « II. Les officiers garderont leurs épées, leurs effets et équipages, et les soldats leurs sacs.

   « III. Les officiers-généraux et autres officiers particuliers pourront aller chez eux, si le général « en chef y consent. J'engage ma parole d'honneur de dire au général en chef que j'avais promis « ledit article.

   « IV. Il sera donné connaissance au maréchal comte Wurmser de la présente capitulation.

   « V. Les malades et blessés seront soignés avec tous les sentimens d'humanité inséparables des « républicains. »

lonels, etc.; pris vingt drapeaux, soixante pièces de canon, et tué ou blessé au moins six mille hommes.

» Je vous demande le grade de général de division pour le général Victor; celui de général de brigade pour l'adjudant-général Vaux. Toutes les demi-brigades se sont couvertes de gloire, et spécialement la trente-deuxième, la cinquante-septième et la dix-huitième de ligne, que commandait le général Masséna, et qui, en trois jours, ont battu l'ennemi à Saint-Michel, à Rivoli et à Roverbella. Les légions romaines faisaient, dit-on, vingt-quatre mille par jour; nos brigades en font trente, et se battent dans l'intervalle.

» Les citoyens Dessain, chef de la quatrième demi-brigade d'infanterie légère; Marquis, chef de la vingt-neuvième; Fournesy, chef de la dix-septième, ont été blessés. Les généraux de brigade Vial, Brune, Bon, et l'adjudant-général Argod, se sont particulièrement distingués.

» Les traits particuliers de bravoure sont trop nombreux pour être tous cités ici. »

Les destinées de l'Italie devenaient tous les jours moins douteuses. Les petits combats d'Avio et de Carpenedolo décidèrent la jonction des divisions de Masséna et de Joubert; et cette dernière occupant la ligne du Lavisio, qui couvre Trente, on devait être tranquille sur le sort futur de Mantoue. En effet, cette place ne tarda pas à capituler : le 14 pluviôse, à dix heures du soir, elle se rendit, et la garnison toute entière resta prisonnière de guerre, à l'exception du maréchal comte de Wurmser et sa suite. Bonaparte s'attacha à montrer la générosité française vis-à-vis de ce général, âgé de 70 ans, envers qui la fortune avait été très-cruelle pendant toute cette campagne, mais qui n'avait pas cessé de montrer une constance et un courage qui sera remarqué par l'histoire.

Cependant la cour de Rome semblait ne pouvoir se déterminer à une paix que tout lui commandait. La prise d'Imola, de Faënza, de Forli, de Derumbano, d'Ancône et de Loretto, après la rupture de l'armistice dont elle avait refusé d'exécuter les conditions, lui ouvrirent les yeux sur ses véritables intérêts, et, le premier ventôse, le traité de paix fut signé à Tolentino.

En voici les principales dispositions :

ARTICLE PREMIER. « Il y aura paix, amitié et bonne intelligence entre la République française et le pape Pie VI.

« II. Le Pape révoque toute adhésion, consentement et accession, par écrit, ou secret, par lui donnés à la coalition armée contre la République française ; à tout traité d'alliance offensive ou défensive avec quelque puissance ou état que ce soit. Il s'engage à ne fournir, tant pour la guerre actuelle que pour la guerre à venir, à aucune des puissances armées contre la République, aucun secours en hommes, vaisseaux, armes, munitions de guerre, vivres et argent, à quelque titre et sous quelque dénomination que ce puisse être.

« V. La République française continuera à jouir, comme avant la guerre, de tous les droits et prérogatives que la France avait à Rome, et sera en tout traitée comme les puissances les plus considérées, et spécialement à l'égard de son ambassadeur ou ministre, et des consuls et vice-consuls.

« VI. Le Pape renonce purement et simplement à tous les droits qu'il pourrait prétendre sur les villes et territoire d'Avignon, le Comtat Venaissin et ses dépendances, et transporte, cède et abandonne lesdits droits à la République française.

« VII. Le Pape renonce également à perpétuité, cède et transporte à la République française tous ses droits sur les territoires connus sous les noms de légations de *Bologne*, *Ferrare* et *la Romagne*. Il ne sera porté aucune atteinte à la religion catholique dans les susdites légations.

« IX. Le Pape s'oblige, pour lui et ceux qui lui succéderont, de ne transporter à personne le titre de seigneurie attaché au territoire par lui cédé à la République française.

« X. Sa Sainteté s'engage à faire payer et délivrer à Foligno, aux trésoriers de l'armée française, avant le 15 du mois de ventôse courant (mars 1797, vieux style), la somme de quinze millions de livres tournois de France, dont dix millions en numéraire, et cinq en diamans et autres effets précieux, sur celle d'environ seize millions qui restent dus, suivant l'article IX de l'armistice signé à Bologne, le 3 messidor an 4, et ratifié par Sa Sainteté le 27 juin.

« XVIII. Sa Sainteté fera désavouer, par un ministre à Paris, l'assassinat commis sur la personne du secrétaire de légation Basseville. Il sera payé par Sa Sainteté, et par elle mis à la disposition du Gouvernement français, la somme de trois cents mille livres, pour être répartie entre ceux qui ont souffert de cette attentat.

« XXI. En attendant qu'il soit conclu un traité de commerce entre la République française et le Pape, le commerce de la République sera rétabli et maintenu dans les États de Sa Sainteté sur le pied de la nation la plus favorisée.

« XXII. Conformément à l'article VI du traité conclu à la Haye le 27 floréal de l'an 3, la paix conclue par le présent traité entre la République française et Sa Sainteté est déclarée commune à la République batave.

« XXIV. L'école des arts, instituée à Rome pour tous les Français, y sera rétablie, et continuera d'être dirigée comme avant la guerre. Le palais appartenant à la République, où cette école était placée, sera rendu sans dégradation.

« XXV. Tous les articles, clauses et conditions du présent traité, sans exception, sont obligatoires à perpétuité, tant pour Sa Sainteté le pape Pie VI que pour ses successeurs. »

BATAILLE ET PASSAGE DU TAGLIAMENTO, LE 26 VENTOSE AN 5.

BATAILLE

ET PASSAGE DU TAGLIAMENTO.

LE 26 VENTÔSE AN V.

La prévoyance du Directoire avait secondé toutes les mesures qui devaient assurer les succès de Bonaparte, et procurer une paix glorieuse à la République française. Des divisions entières avaient été tirées des armées du Rhin, et dirigées vers l'Italie ; c'est des bords de ce fleuve, qu'en traversant la République, elles franchirent, dans la plus rigoureuse saison, cette barrière des Alpes, jusque - là réputée insurmontable, dont le. général Kellermann, à force de travaux et de vigilance, et luttant contre le climat, les élémens et la saison, avait su leur maintenir le passagee libre. Cette marche, la plus longue, la plus difficile que dans l'hiver eût jamais exécutée sur ce continent un corps d'armée, n'ayant éprouvé aucun retard, et n'ayant pu être soupçonnée ni peut-être crue par les ennemis, leur donnait à combattre en Carinthie les mêmes hommes qui les avaient tant de fois battus au-delà du Rhin. Réunis à leurs frères d'armes d'Italie, Bonaparte, qu'on aurait pu croire encore devant Rome, leur faisait passer le Tagliamento, mettait sous leurs yeux, du sommet des Alpes noriques, barrière qu'aucun peuple moderne n'avait encore franchie, le bassin de l'Adriatique et celui du Danube, au milieu duquel Vienne semblait leur montrer le terme ou le but de leurs exploits. Ainsi Annibal avait autrefois, du haut des Alpes, montré à ses Carthaginois les plaines de cette Italie qu'il sut vaincre et non pas conquérir.

Voici comment Bonaparte lui-même rend compte de cette action :

« Depuis la bataille de Rivoli, l'armée d'Italie occupait les bords de la Piave et du Lavisio ; l'armée de l'Empereur, commandée par le prince Charles, occupait l'autre rive de la Piave, avait son centre placé derrière le Cordevole, et appuyait sa droite à l'Adige du côté de Salurn.

» Le 20 ventôse, au matin, la division du général Masséna se rend à Feltre : l'ennemi, à son approche, évacue la ligne de Cordevole, et se porte sur Belluru.

» La division du général Serrurier se porte à Asolo ; elle est assaillie par un temps horrible ; mais le vent et la pluie, à la veille d'une bataille, ont toujours été, pour l'armée d'Italie, un présage de bonheur.

» Le 22, à la pointe du jour, la division passe la Piave vis-à-vis le village de Vidor : malgré la rapidité et la profondeur de l'eau, nous ne perdons qu'un jeune tambour. Le chef d'escadron Lasalle, à la tête d'un détachement de cavalerie, et l'adjudant-général Leclerc, à la tête de la vingt-unième d'infanterie légère, culbutent le corps ennemi qui voulait s'opposer à notre passage, et se porte rapidement à Saint-Salvador. Mais l'ennemi, au premier avis du passage, a craint d'être cerné, et a évacué son camp de la Campana.

» Le général Guieux, à deux heures après-midi, passe la Piave à l'Ospedaletto, et arrive le soir à Conegliano. Un soldat, entraîné par le courant, est sur le point de se noyer ; une femme de la cinquante-unième se jette à la nage, et le sauve : je lui ai fait présent d'un collier d'or, auquel sera suspendue une couronne civique avec le nom du soldat qu'elle a sauvé.

» Notre cavalerie, dans cette journée, rencontre plusieurs fois celle de l'ennemi, et a toujours l'avantage ; nous prenons 80 hussards.

» Le 23, le général Guieux avec sa division, arrive à Sacile, tombe sur l'arrière-garde ennemie, et, malgré l'obscurité de la nuit, lui fait cent prisonniers. Un corps de hulans demande à capituler : le citoyen Siabeck, chef d'escadron, s'avance et reste mort ; le général Dugua, commandant la réserve, est légèrement blessé.

» Cependant la division du général Masséna, arrivée à Bellurn, poursuit l'ennemi qui s'est retiré du côté de Cador, enveloppe son arrière-garde, fait 700 prisonniers, parmi lesquels 100 hussards, un colonel, et le général Lusignan, qui commandait tout le centre. Le dixième de chasseurs se distingue comme à son ordinaire. M. de Lusignan s'est couvert d'opprobre par la conduite qu'il tint à Brescia, envers nos malades : j'ordonne qu'il soit conduit en France, sans pouvoir être échangé.

» Le 26, la division du général Guieux part de Pordenone à cinq heures du matin ; celle du général Bernadotte part de Sacile à trois heures du matin ; celle du général Serrurier part de Pasiano à quatre heures du matin : toutes se dirigent sur Valvasone.

» La division du général Guieux dépasse Valvasone, et arrive sur le bord du Tagliamento à onze heures du matin. L'armée ennemie est retranchée de l'autre côté de la rivière, dont elle prétend nous disputer le passage. Mon aide-de-camp, chef d'escadron, Croisier, va, à la tête de vingt-cinq guides, la reconnaître jusqu'aux retranchemens : il est accueilli par la mitraille.

» La division du général Bernadotte arrive à midi : j'ordonne sur-le-champ au général Guieux de se porter sur la gauche pour passer la rivière à la droite des retranchemens ennemis, sous la protection de douze pièces d'artillerie ; le général Bernadotte doit la passer sur la droite. L'une et l'autre

de ces divisions forment leurs bataillons de grenadiers, se rangent en bataille,
ayant chacune une demi-brigade d'infanterie légère en avant, soutenue par
deux bataillons de grenadiers, et flanquée par la cavalerie. L'infanterie
légère se met en tirailleurs. Le général Dommartin à la gauche, et le général
Lespinasse à la droite, font avancer leur artillerie, et la canonnade s'engage
avec la plus grande vivacité. J'ordonne que chaque demi-brigade ploie en
colonne serrée sur les ailes de son second bataillon, ses premier et troisième
bataillons.

» Le général Duphot, à la tête de la vingt-septième d'infanterie légère,
se jette dans la rivière; il est bientôt de l'autre côté ; le général Bon le
soutient avec les grenadiers de la division Guieux. Le général Murat fait
le même mouvement sur la droite, et est également soutenu par les grenadiers de la division Bernadotte. Toute la ligne se met en mouvement, chaque
demi-brigade par échelons, des escadrons de cavalerie en arrière des inter-
valles. La cavalerie ennemie veut plusieurs fois charger notre infanterie, mais
sans succès; la rivière est passée, et l'ennemi partout en déroute. Il cherche
à déborder notre droite avec sa cavalerie, et notre gauche avec son infanterie. J'envoie le général Dugua et l'adjudant-général Kellermann à la tête
de la cavalerie de réserve ; aidés par notre infanterie, commandée par
l'adjudant-général Mireur, ils culbutent la cavalerie ennemie, et font prisonnier le général qui la commande.

» Le général Guieux fait attaquer le village de Gradisca, et, malgré les
ombres de la nuit, s'en empare, et met l'ennemi dans une déroute complète ;
le prince Charles n'a eu que le temps de se sauver.

» La division du général Serrurier, à mesure qu'elle arrive, passe la rivière,
et se met en bataille pour servir de réserve.

» Nous avons pris à l'ennemi, dans cette journée, six pièces de canon,
un général, plusieurs officiers supérieurs, et fait quatre ou cinq cents prisonniers : la promptitude de notre déploiement et de notre manœuvre, la
supériorité de notre artillerie, épouvantèrent tellement l'armée ennemie,
qu'elle ne tint pas, et profita de la nuit pour fuir.

» L'adjudant-général Kellermann a reçu plusieurs coups de sabre en
chargeant, à la tête de la cavalerie, avec son courage ordinaire. »

A peine la campagne était-elle commencée, à peine en des climats plus
doux eût-on songé à l'ouvrir, et déjà Bonaparte menaçait le cœur des états
de l'Autriche. La nature était encore morte dans ces âpres contrées, devenues
le théâtre de la guerre, et les montagnes du Tyrol et de la Carinthie étaient
escaladées. Le 28, l'ennemi, à notre approche, évacue Palma - Nova, où
nous trouvons trente mille rations de pain et mille quintaux de farine en
magasin. Il y avait dix jours que le prince Charles s'était emparé de cette
place, appartenante aux Vénitiens : il voulait l'occuper, mais il n'avait pas
eu le temps de s'y établir. Le 29, le général Bernadotte s'avance, et bloque

Gradisca ; le général Serrurier passe le Lisonzo vis-à-vis San-Pietro , et se porte de là sur Gradisca , en suivant les crêtes supérieures qui dominent cette ville. Pour amuser pendant ce temps-là l'ennemi , et l'empêcher de s'apercevoir de sa manœuvre , le général Bernadotte fait attaquer les retranchemens par des tirailleurs ; mais, emportés par leur ardeur naturelle, nos soldats s'avancent, la bayonnette en avant, jusques sous les murs de Gradisca : ils y sont reçus par une forte fusillade et de la mitraille. Le général Bernadotte, obligé de les soutenir , fait avancer quatre pièces de canon pour enfoncer les portes; mais elles sont couvertes par une flèche bien retranchée. Cependant le général Serrurier arrive sur les hauteurs qui maîtrisent Gradisca , et rend toute retraite impossible à la garnison. L'ennemi n'a donc plus ni probabilité de se défendre , ni espoir de s'échapper. Le général Bernadotte lui fait une sommation, et il capitule. Trois mille prisonniers , l'élite de l'armée du prince Charles, dix pièces de canon et huit drapeaux sont le fruit de cette manœuvre. Le passage du Tagliamento et du Lisonzo , et la prise de Gradisca procuraient au général Bonaparte des avantages dont il se hâta de profiter : Goritz, Trieste, Neumarck, etc. furent bientôt en notre pouvoir. Près d'arriver sous les murs de Vienne , la modération devint son caractère, et ce fut elle qui dicta les préliminaires de paix signés à Léoben dans les derniers jours de Germinal.

ENTRÉE DES FRANÇAIS A VENISE, EN FLORÉAL, AN 5.

ENTRÉE DES FRANÇAIS

A VENISE.

FLORÉAL AN V.

Après la signature des préliminaires de la paix, Bonaparte fit des dispositions pour faire refluer une grande partie de son armée dans l'État Vénitien, dont le Gouvernement avait montré une conduite plus que suspecte envers les Français, avant qu'ils quittassent le pays pour se rendre en Allemagne ; et pendant qu'ils y étaient, un évènement compléta la preuve des mauvaises intentions de ce Gouvernement, et en précipita la ruine.

Pressé dans le Tyrol par deux colonnes autrichiennes, le général Joubert avait pris le parti d'en tourner une, pour les avoir toutes deux en tête. Cette manœuvre, qu'il exécuta avec le plus grand soin, eut pendant quelque temps l'apparence d'une retraite ; et l'une des colonnes autrichiennes s'avança en effet sur lui, et le poursuivit avec quelqu'avantage. Bientôt on répandit en Italie, que ce général était battu ; de là la nouvelle d'un échec considérable dans lequel il aurait perdu 4,000 hommes. Cette nouvelle, accueillie avidement par nos ennemis, fit croire à quelques Vénitiens que le moment était venu de pouvoir assouvir impunément leur vengeance dans le sang français; mais, incapables d'attaquer en face nos braves défenseurs, ils se portèrent à un excès de barbarie dont l'histoire offre peu d'exemples. Il n'était resté qu'une faible garnison dans les forts de Véronne. Une colonne principalement composée de légionnaires, se fit jour à travers les Esclavons et les paysans armés, et alla renforcer la garnison. Cependant les Vénitiens attaquèrent les forts, mais ils furent repoussés avec perte. Furieux de leurs mauvais succès, c'est dans les hôpitaux qu'ils vont chercher des ennemis. La seconde fête de Pâques, au son de la cloche, tous les Français sont assassinés dans Véronne: l'on ne respecte ni les malades ni les convalescens ; plus de quatre cents sont jetés dans l'Adige, où ils meurent percés de mille coups de stilets. Cette atroce conduite fut à peine connue, que le général Augereau détacha de son armée une colonne, qui, jointe à une colonne lombarde, se porta sur Véronne pour punir cet attentat; et le 3 floréal, cette ville fut en notre pouvoir.

Il envoya en même temps au Doge de Venise les conditions de la juste
satisfaction que la République exigeait, le menaçant d'aller, en cas de refus,
les faire agréer à Venise à la tête de son armée. Bonaparte lui avait écrit
antérieurement la lettre suivante, qui mérite d'être connue :

BONAPARTE, Général en chef de l'Armée d'Italie, au sérénissime Doge
de la république de Venise.

Au quartier-général de Judembourg, le 20 germinal an 5.

« Dans toute la Terre-Ferme, les sujets de la sérénissime République
sont sous les armes : le cri de ralliement est : *Mort aux Français.*

» Le nombre des soldats de l'armée d'Italie, qui en ont été les victimes,
se monte déjà à plusieurs centaines. Vous affectez en vain de désavouer
les attroupemens que vous-même avez préparés. Croyez-vous que, quand
j'ai pu porter nos armes au cœur de l'Allemagne, je n'aurai pas la force de
faire respecter le premier peuple du monde ? Pensez-vous que les légions
d'Italie puissent souffrir les massacres que vous excitez ? Le sang de nos
frères d'armes sera vengé, et il n'est pas un seul bataillon français
qui, chargé de cette mission généreuse, ne se sente trois fois plus de
courage et de moyens qu'il ne lui en faut pour vous punir. Le Sénat de
Venise a répondu par la plus noire perfidie à notre générosité soutenue à
son égard.

» Je prends le parti de vous envoyer mes propositions par l'un de mes
aides-de-camp et chef de brigade : *La guerre ou la paix.* Si vous ne
prenez sur-le-champ toutes les mesures pour dissiper les attroupemens ; si
vous ne faites au plutôt arrêter et remettre en mes mains les auteurs des
meurtres qui se commettent, la guerre est déclarée.

» Le Turc n'est pas sur vos frontières, aucun ennemi ne vous menace,
et cependant vous avez fait arrêter, de dessein prémédité, des prêtres pour
faire naître un attroupement, et le tourner contre l'armée. Je vous donne
vingt-quatre heures pour le dissiper ; les temps de Charles VIII sont passés.

» Si, malgré la bienveillance que vous a montrée le Gouvernement
français, vous me réduisez à vous faire la guerre, ne pensez pas que le
soldat français, comme les brigands que vous avez armés, aille ravager les
champs du peuple innocent et malheureux de la Terre-Ferme : non, je le
protégerai, et il bénira jusqu'aux forfaits qui auront obligé l'armée française
de l'arracher à votre tyrannique Gouvernement. »

En réponse à cette lettre, le Sénat proteste de la sincérité de ses sentimens
envers la République française, prend l'engagement de rechercher et livrer,
pour être punis, les auteurs des massacres contre les Français ; prie le Général
d'interposer sa médiation pour faire rentrer dans l'ordre les villes au-delà du

Mincio, et désavoue une proclamation attribuée au Provéditeur - général Battaglia, contenant des expressions offensantes envers la Nation française. Cette déclaration est en date du 12 avril, et c'est le 17 que les massacres ont eu lieu à Véronne ! Bonaparte en étant instruit, vit combien peu il devait compter sur la bonne foi du gouvernement de Venise; il prit en conséquence un parti décisif, et publia, en date du quartier-général de Palma-Nuova, le 14 floréal, un manifeste, dans lequel, après avoir exposé les griefs du gouvernement de Venise, au nombre de quinze, il requérait le ministre de France près cette République, de sortir de ladite ville; ordonnait aux différens agens vénitiens dans la Lombardie et la Terre-Ferme, de l'évacuer dans vingt-quatre heures; enjoignait enfin aux différens généraux de division de traiter en ennemis les troupes de la république de Venise, et de faire abattre dans toutes les villes de la Terre-Ferme le Lion de Saint-Marc. Nous allons voir bientôt quel fut le résultat de ces mesures ; et si, avec le courage du crime, le Gouvernement vénitien eut celui d'en affronter toutes les conséquences.

Le manifeste de Bonaparte n'était pas encore arrivé à Paris, où il ne fut connu que le 27 floréal, et déjà la renommée, dont on ne peut comprimer l'essor, avait semé partout le bruit de nos conquêtes sur les Vénitiens et de la révolution étonnante qui les a couronnées ; nos troupes sont dans leur capitale, leur marine nous est livrée, le plus ancien gouvernement de l'Europe est anéanti ; il reparait, en un clin d'œil, sous des formes démocratiques ; nos soldats enfin bravent les fureurs de la mer Adriatique, et sont transportés à Corfou pour activer ce nouvel ordre de choses. Venise s'était mise en agression contre la France : bientôt les bataillons victorieux et pacificateurs descendent des montagnes du Tyrol et des gorges de la Styrie ; les agresseurs pâlissent ; une multitude opprimée se soulève ; plusieurs combats sont livrés ; la fortune seconde le courage et les droits de la nature ; et le Gouvernement vénitien, qui avait ouvert les tombeaux aux Français, ne trouve de ressource qu'en abattant de ses propres mains l'antique édifice d'une puissance à laquelle il venait de donner pour étaies la perfidie, la trahison et l'assassinat. Justement effrayé des suites de tant d'attentats, il cherche les moyens de se soustraire au ressentiment des Français, et à l'indignation d'une portion considérable de ses propres sujets. Le Doge déclare, dans une assemblée extraordinaire, que le Gouvernement actuel est à charge au peuple, et qu'il ne peut plus faire le bien. Il invite, en conséquence, tous les sénateurs à se démettre volontairement de leurs pouvoirs, et à les remettre entre les mains d'une commission qui sera nommée de l'agrément du général Bonaparte. Cet avis est adopté à une majorité de 720 contre 5. Que de réflexions naissent de cet événement ! Quelle énorme distance entre Venise, dictant des lois dans Constantinople, maîtresse de l'Archipel, faisant trembler la France lors de la ligue de Cambrai, et ce même gouvernement prononçant lui-même sa soudaine dissolution !

Les écrits relatifs au nouvel ordre de choses furent préparés , et l'esprit public fit , en vingt-quatre heures , des progrès gigantesques dans toutes les classes de citoyens. Le 12 mai 1797 (23 floréal an 5) , la réforme du Gouvernement , avec les autres déterminations de la Zunte , fut approuvée provisoirement ; mais ce qu'on craignait arriva. Une troupe de Barcaroles , d'Esclavons et de Dalmatiens parcourait la ville avec un drapeau de Saint-Marc , insultant et forçant les passans à crier : *Vive Saint-Marc!* Le vieux Gouvernement resta tranquille spectateur du désordre. Cette bande devint plus hardie et plus nombreuse , parcequ'elle était protégée et qu'elle ne trouvait pas de résistance : bientôt elle répandit l'alarme et la consternation dans la ville ; on se porta aux maisons de ceux qui avaient été désignés pour le nouveau Gouvernement provisoire : elles furent pillées , incendiées , et ceux qui n'avaient pu s'échapper , furent massacrés. Les citoyens sans armes et dans l'impossibilité d'en trouver , cherchèrent un asile dans leurs propres maisons. Une population de 150 mille ames fut , pendant seize heures , exposée aux outrages et aux violences de quatre à cinq cents brigands. Un brave officier , dont on ignore le nom , pensa de lui-même à réparer la négligence du Gouvernement , ou plutôt à résister à sa trahison. Deux pièces de canon , qu'il plaça sur le pont de Viallo , et dont il fit plusieurs décharges , commencèrent à disperser les rebelles , qui s'étaient accrus au nombre de huit à neuf cents. Le matin du jour suivant on pensa à une défense plus solide , et les brigands furent totalement dispersés. L'ordre et la tranquillité ne furent cependant parfaitement rétablis qu'après l'arrivée d'un corps de troupes françaises , commandées par le général Baraguey-d'Hilliers.

Le Gouvernement demeura provisoire jusqu'à ce que le sort de Venise fût arrêté. Cette ville , par le traité de paix de Campo-Formio , fut cédée à l'Empereur , avec les provinces qui bordent les Etats de ce prince , du côté de l'Allemagne.

Les Français , maîtres de Venise , s'emparèrent de divers monumens des arts , précieux par leur antiquité , notamment des quatre Chevaux de bronze placés au-dessus de la principale porte de l'église de Saint-Marc. Ces chevaux, faits par Lysippe , célèbre sculpteur , natif de Sicyone , et qui vivait du temps d'Alexandre-le-Grand , avaient d'abord été attelés au char du Soleil , à Corinthe. De là , transportés à Rome , où ils servirent à l'arc de triomphe de Néron , victorieux des Parthes , ils passèrent à Constantinople , d'où les Vénitiens les enlevèrent , au commencement du treizième siècle. Devenus la conquête de la brave armée d'Italie , ils furent amenés à Paris , où ils firent leur entrée triomphale , lors de la fête de la Liberté , le 9 thermidor an 6. Ils ornent maintenant la superbe place du Carrousel.

FÊTE DE VIRGILE À MANTOUE, LE 24 VENDEMIAIRE AN VI.

FÊTE DE VIRGILE

A MANTOUE.

LE 15 OCTOBRE 1797. (24 VENDÉMIAIRE AN VI.)

La fête Virgilienne, célébrée pour la première fois à Mantoue, sous les auspices des Français, ne présente pas moins de pompe dans son ensemble, que de goût dans les détails de son exécution. Le général Miollis, aussi grand philosophe qu'intrépide guerrier, désirant que la mémoire du prince des poètes latins fût honorée dans les lieux qui l'avaient vu naître (1), avait invité les Mantouans à lui élever un obélisque, et cette proposition fut accueillie avec enthousiasme.

La séance des académies réunies était consacrée à l'éloge de la liberté, autant qu'à celui des lettres. Plusieurs discours furent prononcés et entendus avec enthousiasme : les lettres, les sciences et les arts s'étaient réunis pour former un concert de louanges en l'honneur du grand poète qui est en possession, depuis dix-huit siècles, de charmer toutes les ames sensibles à la description des mœurs champêtres, à la peinture la plus animée des passions du cœur humain, et au spectacle des combats où elles nous entraînent.

---

(1) Virgile naquit le jour des ides d'octobre, sous le premier consulat de Cn. Pompée et de M. Licinius Crassus, dans un bourg nommé Andès, assez près de Mantoue. Il prit la robe virile le jour même de la mort du célèbre poète Lucrèce. Il écrivit ses *Bucoliques* à dessein d'y faire entrer les louanges d'Asinius Pollion, d'Alphénus Varus et de Cornélius Gallus, auxquels il était redevable de la restitution de ses biens, lorsque, par ordre des triumvirs, on distribua au-delà du Pô des terres aux soldats vétérans. Il composa ses *Géorgiques* à l'honneur de Mécène qui, ne le connaissant encore qu'imparfaitement, l'avait protégé contre la violence d'un soldat vétéran qui pensa le tuer, parce qu'il revendiquait ses terres. Enfin il entreprit l'*Énéide*, et son principal but était de célébrer à la fois, dans ce poème, l'origine de Rome et celle d'Auguste. Ses Bucoliques eurent un si grand succès lorsqu'elles parurent, qu'on les chantait souvent sur le théâtre, et que Cicéron, après avoir entendu une églogue, s'écria dans son enthousiasme : *Magnæ spes altera Romæ* (« seconde espérance de la grande Rome »); voulant faire entendre, qu'après lui, Virgile ferait le plus d'honneur à la langue latine. Le poète fit depuis entrer ce demi-vers dans son Énéide. A peine avait-il ébauché ce grand ouvrage, que son poème eut une réputation infinie ; en sorte que Properce n'a pas fait difficulté de publier à ce sujet le distique suivant :

> *Cedite Romani scriptores, cedite Graii :*
> *Nescio quid majus nascitur Iliade.*

(« Cédez, auteurs grecs et latins ; je ne sais quoi naît de plus grand que l'Iliade. »)

17

Le lendemain, la fête fut célébrée par le public. Les palais, les grandes maisons offraient, dans l'enfoncement de leurs portiques, et à travers leurs nombreuses colonnes entourées de feuillages, des temples de verdure décorés avec goût, présentant sur leurs parois des inscriptions tirées de *Tacite*, *Properce*, *Horace*, *Silius Italicus*, etc.

A onze heures du matin, la garnison, rangée en bataille sur la place du Gouvernement, assista avec un peuple nombreux, au tirage de la loterie qui devait fournir des dots aux jeunes filles choisies dans toutes les communes du Mantouan. Cette cérémonie, qui inspirait un vif intérêt, fut accompagnée de chants civiques, français et italiens.

Le cortège dirigea ses pas vers le port, où il fut reçu dans plusieurs barques qui portaient la statue de la liberté et le buste de Virgile. Les Barcaroles, vêtus en blanc, ceints en rouge, couronnés de feuillages, conduisant ces jeunes bergères en habit de fête ; les magistrats du peuple, dont la joie tempérait la gravité ; les citoyens de tous les rangs, mais si unanimes dans l'expression de leurs sentimens : tout ce cortège enfin s'avançant sur le lac, au son des airs patriotiques et des cris de joie des navigateurs, rappelait les voyages des Argonautes, ces promenades d'Amphitrite sur les mers, que nous avons lus dans les poëtes, et que nous ne pouvions guères espérer de voir se renouveller sous nos yeux.

Bientôt arrive la flotte joyeuse escortée par les canonnières qui sont établies sur le lac. Alors cette troupe innombrable de femmes, de jeunes filles, de citoyens, se réunissant à celle déjà fort nombreuse qui remplissait la *Virgiliana*, offrit le coup-d'œil le plus animé, le plus piquant ; des chants, des danses se faisaient entendre et voir de tous les côtés ; au milieu, la pyramide, surmontée du buste de Virgile, était entourée des plus zélés partisans du grand poète, qui déposaient des couronnes devant son image. Une fort belle ode fut chantée alors, accompagnée de cent instrumens, et entonnée par dix mille voix : le plus parfait accord régnait dans ce chœur nombreux, qui était inspiré par le sentiment, et réglé par un goût exquis de musique,

---

Il corrigea ses Bucoliques et ses Géorgiques ; et il se proposait de mettre la dernière main à l'Énéide, lorsque la mort le surprit à Brindes, à l'âge de cinquante-deux ans, sous le consulat de Cn. Plautus et de Q. Lucretius. Il fit son testament, dans lequel il ordonna de jeter son poème au feu, comme n'étant qu'ébauché et ne méritant pas de voir le jour. Mais Tucca et Varius l'ayant assuré qu'Auguste ne le permettrait jamais, il leur légua son manuscrit, à condition qu'il n'y fût rien ajouté, et que même on laissât tels qu'ils étaient les vers qu'il n'avait point achevés. Il recommanda que son corps fut porté à Naples, où il avait passé la plus grande partie de sa vie ; et lorsqu'il se vit à l'extrémité, il fit lui-même son épitaphe :

> *Mantua me genuit ; Calabri rapuere ; tenet nunc*
> *Parthenope : cecini pascua, rura, duces.*

(« Né à Mantoue, mort en Calabre, on me conserve à Naples : j'ai chanté les bergers, les champs et les héros. »)

Auguste fit porter son corps à Naples, comme il l'avait souhaité. Il fut enterré sur le chemin de Pouzol, à une demi-lieue de la ville, et les vers furent gravés sur son tombeau.

si commun chez les Italiens. Cependant, les courses des barques, des piétons et des cavaliers, s'exécutaient au bruit du canon, qui annonçait leur départ et leur arrivée. Un feu d'artifice, dont la disposition était fort ingénieuse, et dans lequel on représenta Virgile environné de gloire, succéda avec la nuit aux divertissemens que le jour avait éclairés.

Le cortège à cheval se remit en marche vers Mantoue, tandis que le reste de l'assemblée se réunit sur les barques qui voguèrent éclairées par des flambeaux, et escortées par les chaloupes canonnières exécutant entr'elles un combat naval. La ville était illuminée en entier ; la joie brillait sur toutes les figures. La fête de Virgile était préparée par l'amour des lumières et de la liberté ; c'était une fête française.

Virgile célébra Auguste ; et les Césars qui ont hérité du nom, et succédé à l'empire des Augustes, ont négligé avec ingratitude la mémoire du chantre de Mantoue. Les ombres de Cassius et de Brutus avaient plus droit d'attendre des Italiens régénérés les honneurs divins des temples et des autels. Mais il semble que le sort des grands hommes soit toujours d'être célébrés sous un système de gouvernement qui fût contraire à leurs principes. Sixte V fit restaurer les statues de Cassius et de Brutus : les Mantouans libres ont érigé un obélisque à Virgile. Quelques républicains sévères ont censuré cette conduite ; mais ils étaient dans l'erreur : Virgile, en son genre, était au premier rang ; l'histoire nous le montre vertueux, et les républiques doivent toujours honorer les talens et les vertus.

La *Virgiliana*, exécutée d'après les dessins du célèbre Zanni, réunissait tous les genres de beauté et d'agrément. L'obélisque de marbre sur lequel reposait le cygne mantouan, prenant son essor vers le temple de l'Immortalité, ce temple, de forme antique, celui d'Apollon, le vestibule qui conduisait à ces temples, la grotte de Didon, le Parnasse, le passage de Caron, les cabanes des Mélibées et des Tytires, l'Élysée, tous ces monumens et une infinité d'autres qu'il serait trop long de décrire, placés au milieu de jardins dessinés par les plus habiles artistes, présentaient un spectacle enchanteur, et rappelaient à l'imagination les jardins d'Armide célébrés par le Tasse. Tout inspirait dans ces lieux un sentiment de respect et de vénération pour le grand homme à qui ils étaient consacrés ; tout devait faire espérer que ce monument superbe durerait autant que sa mémoire. Quand la mer courroucée rentre dans ses limites, quand elle abandonne le rivage sur lequel elle a porté l'effroi et la désolation, le pêcheur errant auprès de sa cabane, promène ses regards inquiets sur les débris des vaisseaux fracassés par la tempête. Tel fut le général Miollis, lorsqu'après avoir défait les Austro-Toscans à Arezzo, à Cortona et à Sienne, il revint en l'an 9 dans Mantoue la Forte, pour faire arborer l'étendard tricolor dans cette place importante, dont le commandement supérieur venait de lui être confié. Il se porta avec empressement à la

Virgiliana : elle avait disparu ; l'ignorance et le vandalisme s'étaient ligués pour la détruire de fond en comble ; les marbres , les colonnes, les statues avaient été enlevés par les Tyroliens, qui les avaient mutilés ou vendus à vil prix ; et pour qu'il ne restât aucun vestige de ce beau monument , les barbares avaient promené la charrue sur ses ruines ; semblables à l'assassin qui enterre sa victime, pour qu'il ne reste aucun vestige du meurtre qu'il a commis.

Cependant il fallait un aliment à la sensibilité outragée du général Miollis ; il fallait appaiser les mânes du prince des poètes latins ; sa gloire remplissait l'univers, et sa patrie n'en retraçait le souvenir par aucun monument durable. Une longue et pénible guerre avait tari les sources du trésor public , et le rétablissement de la *Virgiliana* ne pouvait entrer dans l'esprit d'un homme qui concilie l'amour des arts avec les principes d'une sage économie. Le général Miollis se contenta d'écrire à l'administration centrale du Mincio, pour l'inviter à placer dans les murs de Mantoue le buste de Virgile. Le 3o ventôse an 9, les administrateurs firent célébrer l'inauguration de la colonne sur laquelle devait reposer ce buste ; un grand nombre de vers furent récités , et plusieurs discours furent prononcés à cette occasion, le 29 , dans la salle académique , par le général Miollis et les plus célèbres académiciens, entr'autres Gaëtano Arrivabene. Ce dernier , après avoir fait sentir à ses compatriotes combien la présence du général Miollis devait exciter d'enthousiasme parmi les gens de lettres et les vengeurs de l'outrage fait à Virgile , s'écria : « Que de circonstances heureuses se » réunissent pour satisfaire votre sensibilité ! Les instans marqués pour » réparer les outrages du vandalisme , sont précisément ceux que la » politique a choisis pour faire de l'Adige une ligne de démarcation » imposante , pour humilier l'orgueil du croissant et de la fière Albion , » pour créer une sorte de balance entre les puissances maritimes , pour » donner enfin le repos à la terre par une pacification générale ».

Le 3o ventôse , les principales rues de Mantoue étaient tendues de tapisseries, et la plupart des maisons ornées de guirlandes et de bustes ou gravures de Virgile , avec des inscriptions analogues. Le monument en marbre , élevé au milieu de la place de l'Argine, qui depuis lors a pris le nom de place de Virgile, présentait un piédestal de deux mètres environ de largeur , surmonté d'un socle orné dans les quatre angles d'autant de cygnes , ayant les ailes déployées , et ombrageant des têtes de Méduse placées sur les quatre façades. Du milieu du socle s'élevait une colonne cannelée d'ordre composite. Sur les chantournemens du chapiteau on voyait quatre sphynx soutenant le piédestal ou acrotère sur lequel devait reposer le buste de Virgile. Quatre bas-reliefs ornaient cet acrotère ; l'un représentait Hercule, symbole de la force du style du chantre mantouan ; l'autre , un Apollon , père de la poésie ; le troisième , l'épouse de Vulcain , emblême des amours de Didon, et le quatrième enfin, la muse Calliope, faisant allusion aux vers sublimes du poète mantouan. Le buste fut porté, au milieu d'un cortège pompeux et de la musique militaire, sur un char triomphal, de forme antique, traîné par quatre chevaux blancs. De jeunes personnes de la plus grande beauté, vêtues de tuniques légères retroussées avec grace par une ceinture, et dont le corps était couvert par des ailes argentines et azurées, figuraient les Génies des arts, des sciences et de l'immortalité. Ces Génies entouraient le buste qu'on avait placé dans l'endroit le plus éminent du char. Pour arriver sur la place, le cortège défila sous un arc de triomphe d'ordre corinthien, décoré de statues et orné de bas-reliefs dont les sujets étaient tirés de l'Énéïde. Bientôt le buste sacré fut élevé dans les airs au milieu des cris d'allégresse, des accords les plus harmonieux et des salves d'artillerie. La fête fut terminée par un feu d'artifice de la plus grande beauté, auquel succédèrent de brillantes illuminations, et un repas civique donné par le général Miollis dans la salle de l'académie.

Avant de terminer ce tableau, dans lequel nous avons été obligés d'anticiper sur les évènemens pour réunir sous le même point de vue la description de tous les honneurs rendus à la mémoire de Virgile, nous devons dire quelques mots de deux autres fêtes du même genre ordonnées par le même général.

Le 12 octobre (20 vendémiaire an 9), d'après les ordres du général Miollis, un monument de marbre figuré fut élevé au-devant de la maison où naquit l'Arioste, à Reggio; la pierre fondamentale de ce monument fut posée au Champ-de-Mars, hors la porte du château, par les autorités civiles et militaires; des réjouissances publiques et des danses eurent lieu à cette occasion, et le soir la ville fut entièrement illuminée.

Le 25 novembre 1800, les mêmes honneurs furent rendus à Florence, à la célèbre improvisatrice *Corilla*, surnommée *Olympica*, née à Pistoie, et qui avait été de son vivant couronnée au Capitole.

Les amis des arts et de la patrie n'auront pas vu sans émotion des militaires français s'arrêtant un moment au milieu de leurs triomphes, pour offrir un hommage solennel aux plus illustres poètes de l'Italie. Quelle plus belle et plus grande alliance que celle des lettres et de la victoire!

Au nombre des poésies qui furent composées à l'occasion de ces fêtes, on remarque les pièces ci-après :

A VIRGILE.

ELEGIA.

Sæcla sub Augusto si quem cecinere Pœtam,
    Sub Gallis hodie fertur ad astra Maro;
Quem genuit, (tandem post bella silentibus armis)
    Jure canit patriis Mantua carminibus :
Eximii Vates dum tanto digna loquuntur
    Vate, sacer plaudit, Pieridumque chorus.
Est locus incultus media atque amplissimus urbe,
    Surgit ubi Maro, quem celsa columna tenet :
Ergo triomphali hic curru, stipante caterva
    Gallorum, vehitur cætus Apollineus.
Sed iam Phœbus ait, vos magna parate sorores,
    Dignaque Parnasso, digna Marone meo :
Continuo intendunt operi; pars maxima vatum.
    Virgilii laudes ad sua Busta canunt :
Alternis quoque Castalides post versibus implent
    Auras, fungitur et munere quæque suo :
Pars calathis lectos Pindi de culmine flores
    Spargit, ubi Vates conspiciendus adest;
Pars, quod Apollinea fuerit præstantior arte,
    Festinat lauri cingere fronde caput.
Extemplo totam festo clamore per urbem
    Virgilii nomen plausus, et aura ferunt :
Inscia Plebs etiam circum præconia jactat,
    Mincius, et lymphis annuit ipse suis.
Inde silere jubet Phœbus : pro laude Maronis :
    Subdidit, Æneidos grande loquatur opus.
Quin potius lætemur, ait, quod Mantua tantum
    Parnasso meruit progenerasse virum :
Nam quæ monte sub hoc hodie monumenta sacravit
    Patria, Virgilii præmia justa sui;
Francorum Ducis hoc meritum; quo Præside, Vati
    Antiquus nostro nunc renovatur honos :
Scilicet is metuens, ne dira oblivio, Fluctus
    Post tot bellorum, mergeret in tenebras ;
Romuleique viri ne nomen aranea turpi
    Oblitum posthac stamine prætegeret ;
Consuluit : doctæ dum tactus amore Minervæ
    Vatum restituit, Pegasidumque decus :
Quippe idem, multos quem nox injusta per annos
    Occuluit, nigris vindicat e tenebris.
Quod si solemnis Patriæ inter signa Triumphi
    Virgilii decorant inclyta serta comas;
Pierio immortalis erit sub monte Miollis,
    Docta qui dignum Pallade struxit opus.
Surgite nunc Vates; gratesque rependite Franco;
    Surgit io Maro, nunc dicite, surgit io:
Dixerat hæc Phœbus : mox alta cacumina montis,
    Surgit io, repetunt; Dux quoque Francus io.

A L'ARIOSTE.

SONETTO.

T'erga la Patria Simulacri, e altari,
    Di Ligustri Febei l'Urna t'inflori :
    Siedi, ti dica, di Virgilio a pari,
    E l'ossa, e il cener tuo sparga di allori.

Desti a cantar di Te Cigni preclari,
    Le Suore Aonie, e gli Apollinei Cori,
    E del tuo Nome assordi e Terra, e Mari,
    No, non ti onora mai quanto la onori.

Può ben Ferrara alzarti archi, e trofei,
    Può serti offrirti il biondo Dio, sclamando :
    Cedete a Lui, Latini, Itali, Achei ;

Che Te Prence de' Vati celebrando,
    Tant' onorar non ponno Uomini, e Dei,
    Quanto ti onora il tuo divino Orlando.

ALTRO.

Allor, che tolta dal riposo antico
    La Tomba fu dell' Italiano Omero,
    Festoso carme, e strepito guerriero
    La grand' ombra invocò di Lodovico.

Chi mi trasse, dir parve, all' aëre aprico,
    Or che l'Italia abbandonò il sentiero,
    Che a Pallade conduce, e all' onor vero
    Della oziosa schiavitù nemico ?

Altro Tullio vegg' io, che in altra Atene
    Ossa illustri cercando il passo arresta,
    E gli Archimedi a discoprir qui viene.

Itala Gioventude omai ti desta,
    Frondeggian lauri ancor, scorre Ippocrene
    D' alti ingegni, e di Eroi la patria è questa.

EPIGRAMMA.

Duratura canens Arcostus carmina in ævum,
    Nomen Apollinea construit arte suum.
At Vatis Manes revocando a morte Miollis,
    Et se se, et Vatem lumine condecorat.

Inscrizione incisa nella base del Mausoleo collo-
cato nella biblioteca publica di Ferrara.

MEMORIÆ. POSTERORVM
CINERES. HVIC. PATRIÆ. CARISSIMOS. AD
D. BENEDICTI. PERDIV. CONDITOS. ATQ :
INTRA. BASILICÆ. AMBITVM. HONORIS
CAUSA. BIS. TRAIECTOS. HVC. TANDEM
CVM. VETERI. MONVMENTO. OMNIS. ORDO
MVNICIPVM INTVLIT. AD. VII. ID : IVN : A
    ÆR. V. MDCCCI. REIP. IX.

PROCLAMATION DE LA RÉPUBLIQUE ROMAINE, LE 27 PLUVIOSE, AN VI.

PROCLAMATION

DE

LA RÉPUBLIQUE ROMAINE.

LE 27 PLUVIOSE AN VI.

La république française avait, en quelque sorte, oublié l'attentat affreux commis sur la personne d'Hugon-Basseville , ambassadeur de France à la cour de Rome. Elle avait signé le traité de Tolentino. Inutile indulgence ! funeste impunité ! A peine les troupes françaises s'étaient-elles retirées des frontières de l'état ecclésiastique, que les assassinats avaient recommencé. L'un de nos plus estimables généraux, le brave Duphot, victime désignée, venait d'être massacré dans l'intérieur même de la maison de notre ambassadeur , Joseph Bonaparte...... La mesure s'est vue comblée ; c'était à la république française à sécher les larmes de l'humanité. Le directoire exécutif ordonna à l'armée d'Italie de marcher sur Rome, et de prendre vengeance de tant d'outrages.

Depuis le 22 pluviôse, les troupes françaises occupaient le château Saint-Ange et le Capitole. Jusqu'au 27, le général Berthier, arrivé sous les murs de Rome , n'y était point entré lui-même ; il était resté dans son camp.

Le matin du 27, époque anniversaire de la vingt-troisième année du règne de Pie VI , le peuple romain se porta au *Campo Vaccino*, où il rédigea un acte solennel de la reprise de son droit de souveraineté. Dans cette proclamation intitulée : *Atto del Popolo sovrano*, il est dit, en substance , que le peuple romain, opprimé depuis très-long-temps , a tenté plusieurs fois en vain de secouer le joug ; qu'une magie secrète de superstition , d'intérêt et de force armée, combinés contre ses efforts, avait rendu jusqu'alors ses tentatives inutiles : mais qu'enfin ce gouverne-

ment venait de s'écrouler de lui-même par ses alternatives de faiblesse et
d'insulte, de bassesse et d'orgueil ; que le peuple romain, craignant de lui
voir succéder ou l'horrible anarchie, ou une pire tyrannie, avait rassemblé
son courage et recueilli toutes ses forces pour se soustraire aux résultats de
cette dissolution ; qu'il s'était, en conséquence, décidé à revendiquer ses
droits de souveraineté. Le peuple réuni déclare ensuite avec un seul esprit
et d'une seule voix, à Dieu même et à l'Univers, qu'il n'a eu aucune part
aux attentats affreux et aux assassinats par lesquels son gouvernement a si
gravement offensé la nation française et sa république invincible, et que
l'infamie en doit retomber sur la tête de leurs auteurs. En supprimant ,
abolissant et anéantissant les autorités politiques, économiques et civiles,
auxquelles il était soumis , le peuple se constitue lui-même en souverain
libre et indépendant, et investit cinq consuls des pouvoirs que remplissait
auparavant la congrégation d'état. L'acte contient, en outre, la nomination
de tous les autres magistrats , préfets , édiles, officiers du gouvernement
provisoire. Enfin, le peuple nomme huit députés pour aller en son nom se
présenter au général des troupes de la république, afin d'implorer près de
lui la puissante protection d'une nation généreuse , de ces Français de qui
l'exemple a été le trait de lumière qui a éclairé les Romains , et dont
l'amitié doit encore guider et garantir leur retour à la liberté et à leur régé-
nération. L'acte est daté de Rome , *le 15 février 1798 , l'an premier de la
liberté , proclamée sur la place du Capitole ;* il est suivi de toutes les
signatures des citoyens romains sachant *lire et écrire* , au nombre de plusieurs
milliers , en présence desquels et d'un peuple innombrable , il est dit que
cet acte a été lu à haute et intelligible voix , confirmé , approuvé avec des
acclamations et une joie universelles.

Après la proclamation, des arbres de la liberté furent plantés devant le
Capitole, et en d'autres places publiques. A midi , la députation , portant
les couleurs de la république romaine (blanche , noire et rouge), vint présenter au général Berthier le vœu du peuple et le gouvernement provisoire.
Le général se rendit lui-même au Capitole ; il harangua l'assemblée avec
toute la dignité et l'éloquence qu'inspirait ce grand événement, et, au nom
de la république française, reconnut l'indépendance de la république romaine,
formée de tout le territoire qui était resté sous l'autorité temporelle du
pape après le traité de Campo-Formio. Il fut accueilli au milieu des plus
vifs transports d'allégresse.

Le 16 pluviôse, les droits d'asile dans les églises, les jurisdictions civiles
et criminelles des ambassadeurs, et les franchises de leurs palais , ainsi que
leurs postes particuliers furent supprimés ; il fut enjoint à tout émigré français de quitter Rome et tout le territoire de la nouvelle république dans les
vingt-quatre heures ; tous les citoyens Romains prirent la cocarde nationale ; les armoiries du gouvernement aboli furent abattues , et tous les

ordres de chevalerie, les clefs d'or, les titres de noblesse et de prééminence furent prohibés comme contraires à l'égalité. Le soir et le lendemain, tous les édifices publics et particuliers furent illuminés. Une fête touchante et funèbre fut ordonnée en mémoire du brave et malheureux Duphot.

Le 3o pluviôse, les églises retentirent d'un *Te Deum*, pour célébrer le jour où Rome avait reconquis sa liberté et proclamé sa république. Quatorze cardinaux chantèrent eux-mêmes cette hymne dans St.-Pierre. Une garde civique, une municipalité furent organisées, et des arbres de la liberté furent plantés dans toutes les communes du ci-devant état de l'église. Une fête d'un caractère antique et noble, dédiée à la gloire de la république française, eut lieu quelque temps après dans le forum romain, sous les arcs de triomphe des empereurs Titus et Septime-Sévère.

Le 2 ventôse, le pape quitta la ville de Rome, à quatre heures. A l'approche de l'armée française, il avait député une congrégation extraordinaire, composée des cardinaux Borgia, Rimiccini et Rovarella, avec des pleins pouvoirs sur les tribunaux et sur les troupes. Cette députation avait fait mettre sous les armes deux mille hommes, tant d'infanterie que de cavalerie, qui furent distribués dans les principaux postes de la ville, et particulièrement sur la place de Saint-Pierre, à la place Colonne et sur le Cours. Le saint-père fit en même temps publier un édit, par lequel il annonça aux Romains que les Français ne venaient pas comme ennemis ; qu'il resterait parmi eux, et qu'il n'abandonnerait en aucune occasion ses sujets fidèles et chéris. Il les exhorta à traiter les Français avec urbanité, et à montrer et confirmer par leur conduite cette harmonie, cette amitié que Sa Sainteté conservait, disait-elle, et voulait conserver avec la république. Ces mesures étaient bonnes assurément, mais elles étaient un peu tardives. Le succès n'en eût pas été douteux, si elles n'eussent été commandées en quelque sorte par les proclamations et la marche de l'armée française. Le gouvernement papal ne dut sa perte qu'à son inaction trop prolongée. Trois députations successives furent envoyées au général Berthier ; mais les choses étaient trop avancées, il refusa de les entendre, et répondit au pape qu'il ne lui appartenait point de prononcer entre le peuple et lui, et qu'il devait se borner à exécuter les ordres de son gouvernement.

Les événemens que nous venons de raconter firent sentir au pape qu'il ne pouvait plus long-temps rester à Rome, et qu'il devait se résigner à son sort. Il quitta donc ses états, et obtint du général Berthier deux officiers français qui lui servirent de sauve-garde. Ce général ne crut pas devoir le retenir prisonnier, puisqu'il s'était abandonné à la loyauté française ; il n'oublia pas non plus les égards dus à son grand âge ; il protégea sa retraite, qu'aucun obstacle ne troubla. Nous devons ajouter que le peuple romain, en changeant la forme de son gouvernement, déclara que sa volonté était de conserver la religion qu'il vénère et observe, et de laisser intactes la dignité et l'autorité spirituelles du pape.

Le 3 ventôse , le gouvernement provisoire nomma un ambassadeur près la république française. Quel trait dans l'histoire de Rome que l'envoi d'un ministre des consuls romains , pour remercier les enfans des Gaulois de l'appui généreux qu'ils donnent à la délivrancede leur pays !

Cette immortelle armée d'Italie a égalé l'éclat de ses armes par la sagesse de sa conduite , par la force de sa discipline. Elle avait conquis le territoire, elle conquit encore les cœurs : plus douce et non moins honorable victoire , qui ne laisse pas à l'humanité une seule larme à répandre ! Nos héros , et Berthier, leur illustre chef , avaient été devancés non moins par le récit de leurs exploits que par les traits empoisonnés de la calomnie. Le peuple romain , disaient ses ennemis, va recevoir des brigands qui trafiqueront de son indépendance ; le peuple romain fut détrompé ; il ne put voir en nous que des libérateurs et des frères. Heureux si la sagesse qui avait présidé à cette restauration ne l'eût jamais abandonné, s'il ne se fût point livré aux factions qui l'agitèrent bientôt en tout sens , et l'amenèrent au point de regretter les fers qu'il avait brisés ! Un faux enthousiasme avait égaré les Romains : les descendans de Caton, de Pompée , de Brutus , d'Hortensius et de Cicéron se rappelèrent un instant le sang qui coulait dans leurs veines ; les monumens de gloire qui les environnaient , leur inspirèrent la noble idée de reprendre leur antique grandeur ; mais ils n'avaient pas les vertus de leurs pères, ils n'étaient plus dignes de relever les autels de la liberté.

Pie VI , retiré à Valence , venait d'achever sa longue et douloureuse carrière. Le conclave s'ouvrit à Venise , et le 18 mars 1800 , Grégoire-Barnabé Chiaramonti fut élu pape par le sacré collège , sous le nom de Pie VII , son parent, dont il voulut ainsi honorer la mémoire. Le 21 mars , la cérémonie de son couronnement se fit à Venise ; et le 3 juillet suivant, il fit son entrée à Rome , aux acclamations d'un peuple immense , des milices bourgeoises et des troupes napolitaines. Cependant les Napolitains occupaient le château Saint-Ange et tout le territoire de Rome ; ils l'évacuèrent bientôt en vertu de l'armistice conclu à Soligno entre les armées françaises et napolitaines. Les généraux Murat et Berthier se rendirent à Rome , et donnèrent à Sa Sainteté la preuve de la confiance la plus amicale. Le 15 juillet 1802 , il fut conclu à Paris un traité entre le gouvernement de la république française et le pape, au sujet des affaires ecclésiastiques et des affaires temporelles. Depuis son glorieux avènement , ses vertus, son zèle apostolique , son désintéressement , sa modération l'ont rendu cher à son peuple, dont il est à la fois l'ami et le père.